Prazer e mudança

FUNDAÇÃO EDITORA DA UNESP

Presidente do Conselho Curador
Mário Sérgio Vasconcelos

Diretor-Presidente
Jézio Hernani Bomfim Gutierre

Superintendente Administrativo e Financeiro
William de Souza Agostinho

Conselho Editorial Acadêmico
Danilo Rothberg
Luis Fernando Ayerbe
Marcelo Takeshi Yamashita
Maria Cristina Pereira Lima
Milton Terumitsu Sogabe
Newton La Scala Júnior
Pedro Angelo Pagni
Renata Junqueira de Souza
Sandra Aparecida Ferreira
Valéria dos Santos Guimarães

Editores-Adjuntos
Anderson Nobara
Leandro Rodrigues

Frank Kermode

Prazer e mudança
A estética do cânone

Com comentários de
Geoffrey Hartman
John Guillory
Carey Perloff

Organização e introdução
Robert Alter

Tradução
Luiz Antônio Oliveira de Araújo

editora
unesp

Copyright © in this volume The Regents of the University of California 2004

© 2021 Editora Unesp

Pleasure and Change: The Aesthetics of Canon is originally published in English in 2004. This translation is published by arrangement with Oxford University Press. Editora Unesp is solely responsible for this translation from the original work and Oxford University Press shall have not liability for any errors, omissions or inaccuracies or ambiguities in such translation or for any losses caused by reliance thereon.

Prazer e mudança: a estética do cânone foi originalmente publicado em inglês em 2004. Esta tradução é publicada por acordo com a Oxford University Press. A Editora Unesp é o único responsável por esta tradução da obra original e a Oxford University Press não terá nenhuma responsabilidade por quaisquer erros, omissões, imprecisões ou ambiguidades em tal tradução ou por quaisquer perdas causadas pela confiança nisso.

Direitos de publicação reservados à:
Fundação Editora da Unesp (FEU)
Praça da Sé, 108
01001-900 – São Paulo – SP
Tel.: (0xx11) 3242-7171
Fax: (0xx11) 3242-7172
www.editoraunesp.com.br
www.livrariaunesp.com.br
atendimento.editora@unesp.br

Dados Internacionais de Catalogação na Publicação (CIP) de acordo com ISBD
Elaborado por Vagner Rodolfo da Silva – CRB-8/9410

K39p
    Kermode, Frank
        Prazer e mudança: a estética do cânone / Frank Kermode; traduzido por Luiz Antônio Oliveira de Araújo. – São Paulo: Editora Unesp, 2021.

        Tradução de: *Pleasure and Change: The Aesthetics of Canon*
        Inclui bibliografia.
        ISBN: 978-65-5711-016-4

        1. Literatura. 2. Crítica literária. 3. Cânone. I. Araújo, Luiz Antônio Oliveira de. II. Título.

2021-992   CDD: 809
                                                                                                             CDU: 82.09

Editora afiliada:

Asociación de Editoriales Universitarias de América Latina y el Caribe

Associação Brasileira de Editoras Universitárias

Prazer e mudança

Sumário

9 . Sobre os colaboradores
11 . Introdução
Robert Alter

Prazer e mudança – Frank Kermode

27 . Prazer
51 . Mudança

Comentários

79 . A passagem do cânone
Geoffrey Hartman
97 . Tem de ser abstrato
John Guillory
113 . O artista e o cânone
Carey Perloff

Resposta aos comentaristas – Frank Kermode

123 . Sobre os comentários dos debatedores

133 . Referências bibliográficas
137 . Índice remissivo

Sobre os colaboradores

Sir Frank Kermode (1919-2010) foi professor emérito de Inglês na Universidade de Cambridge. Um dos críticos mais proeminentes do mundo anglófono, escreveu acerca de uma vasta gama de tópicos, do Novo Testamento a Shakespeare, dos românticos a Wallace Stevens, e sobre a teoria da literatura. Dentre seus muitos livros, três especialmente relevantes para a questão da formação do cânone são *Formas de atenção*, *The Classic* e *History and Value*.

Robert Alter é professor de Hebraico e Literatura Comparada na Universidade da Califórnia em Berkeley. Sua obra se concentra no romance europeu e americano, em aspectos literários da Bíblia hebraica e na história e teoria da literatura. Dois livros seus importantes para o tema deste volume são *The Pleasures of Reading in an Ideological Age* e *Canon and Creativity*.

John Guillory é professor de Inglês e diretor do Departamento de Inglês de uma universidade de Nova York. É autor de três livros de crítica: *What's Left of Theory?*, *Poetic Authority* e *Cultural Capital: The Problem of Literary Canon Formation*. Este último tem influenciado consideravelmente a atual discussão sobre o cânone.

Geoffrey Hartman (1929-2016) foi professor emérito de Inglês e Literatura Comparada da Universidade Yale. É autor de cerca de duas dezenas de livros e um dos principais intérpretes da poesia romântica inglesa. Seu estudo anterior de Wordsworth, Hopkins, Rilke e Valéry, *The Unmediated Vision*, é uma obra seminal, e ele dedicou uma série de importantes volumes ao estado da crítica literária e ao pensamento pós-estruturalista francês, recordando o Holocausto e tópicos relacionados.

Carey Perloff é diretora artística do American Conservatory Theater em São Francisco, uma das principais companhias de repertório dos Estados Unidos. Sob sua direção, o A.C.T. montou uma ampla variedade de produções aclamadas pela crítica, desde os trágicos gregos até Shakespeare, Tom Stoppard e os mais recentes contemporâneos.

Introdução

Robert Alter

As páginas que seguem são um registro de Sir Frank Kermode das Palestras de Tanner, ministradas na Universidade da Califórnia em Berkeley em novembro de 2001, e das vívidas discussões a respeito delas geradas por três contestadores.

A questão do cânone, e o que pode ser suspeito ou mesmo insidioso no cânone, vem sendo muito discutida nos círculos acadêmicos desde o início da década de 1990. Esse debate em regra é ditado pela generalizada politização dos estudos literários mencionada de várias maneiras por Frank Kermode, Geoffrey Hartman e John Guillory. Se a formação do cânone for motivada, como os críticos acadêmicos costumam afirmar, por uma espécie de "colusão com os discursos do poder", na suma de Kermode dessa visão, o próprio cânone tem de ser visto com os frios olhos da desconfiança como um veículo potencial de coerção, exclusão e dissimulada manipulação ideológica. Kermode rejeita claramente tais noções, e, de fato, nenhum dos participantes da discussão se mostra inclinado a defendê-las, com a marginal exceção de um gesto bastante vago em direção ao político no fim do ensaio de Hartman. Aliás, uma das virtudes das propostas de Kermode quanto ao pensar no que torna as obras literárias canônicas é que, em vez de se envolver de maneira polêmica com a definição ideológica do cânone (uma disputa que tem sido travada com muita frequência), ele simplesmente se esquiva dela, talvez por ser indigna de debate, e trata de apresentar um conjunto diferente de termos. Dois de seus três termos centrais – *prazer* e *mudança* – aparecem como títulos de suas duas palestras, e o terceiro é *acaso*.

Eu observaria que esse termo mal chega a ser abordado nas três respostas, talvez por causa de sua aparente estranheza, porém mais provavelmente porque ele não se presta prontamente a teorias explicativas gerais. Ele pode muito bem merecer ter mais peso do que a presente discussão registra. Porque todos nós gostamos de ter alças firmes em que segurar quando tentamos compreender fenômenos complexos, as suposições usuais que fazemos acerca do cânone são de que ele é de algum modo intencional, possivelmente por parte dos escritores que aspiram a nele entrar e claramente por parte das comunidades de leitores que fixam o cânone, e que, em consonância com essa intencionalidade, reflete certas qualidades intrínsecas nas obras incluídas, sejam elas formais, estéticas, morais, sociais, psicológicas ou ideológicas. Kermode, citando alguns exemplos, sugere que essa formação de cânone mais parece um jogo de xadrez no qual, de vez em quando, as peças são movidas por uma foça cega de circunstância.

Há, por exemplo, 150 salmos na coleção bíblica canônica, aparentemente uma espécie de antologia que abrange vários séculos de produção poética. Alguns desses poemas são magníficos. Pelo menos alguns outros são mais formulares e é possível que muitos leitores modernos os achem relativamente medíocres. Esses poemas lograram ingressar no que viria a ser o cânone bíblico porque os antigos editores os consideraram os 150 melhores exemplos de poesia salmódica em hebraico, ou porque expressavam de maneira mais adequada as devoções do monoteísmo israelita? É óbvio que alguns desses salmos foram preservados por se terem fixado permanentemente na antologia canônica. Um deles é perseguido pela ideia de um salmo hebreu tão sublime quanto o Salmo 8 ou tão eloquentemente comovedor como o Salmo 23, que não sobrevive como parte do cânone apenas porque o rolo em que estava registrado se transformou em pó seco em uma velha urna antes que os editores pudessem incluí-lo na coleção oficial. A noção de acaso de Kermode certamente deve ser levada em consideração como uma salutar admoestação contra a insípida confiança em quaisquer generalizações acerca do cânone que possamos fazer.

Quanto aos outros dois conceitos propostos nas palestras, a noção de mudança não provoca nenhum debate real nas respostas. Parece escorreito que, quando as eras culturais mudam e nós mudamos individual ou mesmo idiossincraticamente, o cânone que imaginamos estar lendo também muda, tanto no referente a como vemos as obras quanto no que diz respeito a quais obras são incluídas. Convém notar que a mudança no cânone não se associa de modo algum à antiga dispensação de crítica literária a que Kermode se refere um tanto elegiacamente no início de sua primeira palestra (e, a meu ver, tanto Hartman quando Guillory imaginam um vínculo demasiado substantivo entre esse prelúdio elegíaco e as proposições acerca do cânone que se seguem). Pelo contrário, os críticos da antiga dispensação tendiam a supor um grau de atemporalidade no cânone que passou a ser rejeitado por quase todos os observadores contemporâneos, inclusive por Kermode. Matthew Arnold concebia suas pedras de toque, extraídas de textos como a *Ilíada*, a *Divina comédia* e as peças de Shakespeare, como duradouramente válidas, não sujeitas a mudança. Os críticos revisionistas da juventude de Kermode, como F. R. Leavis, com sua famigerada lista de apenas quatro grandes romancistas ingleses (dentre os quais duas mulheres), ou, nos Estados Unidos, Cleanth Brooks, com sua polêmica marginalização dos poetas românticos, compuseram novas listas canônicas não em franca concessão à mudança inevitável, mas, ao contrário, supondo que seus equivocados predecessores haviam errado e que o cânone que agora proclamavam seria, dali por diante, reconhecido como válido. A mudança, como Kermode a delineia, é um sinal do caráter provisório dos cânones, uma ideia não muito favorável sob a antiga dispensação. Precisamente nesse aspecto, creio que Guillory erra ao afirmar que Kermode advoga um "regresso à noção de pedra de toque". Muito pelo contrário, ele dedica a atenção que dá na segunda palestra às pedras de toque de T. S. Eliot explicitamente para ilustrar a força da mudança e, nesse caso notável, a peculiar e distorcedora sensibilidade individual que coloriu as leituras de Eliot dos textos canônicos. Como o próprio Guillory diz apropriadamente, as "pedras de toque de Eliot são cânones um pouco idiossincráticos, exatamente o que os cânones não devem ser".

O principal tema de debate nessa discussão é o prazer. Talvez isso seja inevitável porque os tipos de prazer proporcionados pela leitura de uma obra literária, em contraste com o tipo de prazer que se obtém com uma taça de xerez, podem ser basicamente resistentes à descrição e à definição. Em todo caso, Kermode preferiu uma abordagem episódica e reflexiva, mas não sistemática, do tema do prazer literário, concluindo com um exemplo de Wordsworth que, embora sugestivo, não chega a ser inteiramente transparente, e, por consequência, seu contestador compreende de diversas maneiras o que ele quer dizer com "prazer", com certa quantidade de conversas cruzadas entre si, coisa comum em tais discussões. Não pretendo apresentar uma grande síntese do que o prazer na literatura implica, mas gostaria de tentar resolver algumas das questões apontadas.

John Guillory defende com vigor uma espécie de democracia dos prazeres e se opõe ao que ele considera um argumento favorável a um "prazer superior" na leitura da literatura na primeira palestra de Kermode. Eu desconfio que, por trás dessa objeção, há certa inquietação porque Kermode, como um crítico educado sob a antiga dispensação literária, talvez queira nos levar de volta à época antediluviana em que Matthew Arnold e muitos de seus seguidores reivindicavam uma "autoridade superior" (palavras de Guillory) para a literatura como uma espécie de substituta secular da religião revelada. Na verdade, Kermode não fala em "prazer superior" (ainda que a expressão ocorra em uma citação que faz de Wordsworth), apenas menciona um prazer específico e bastante peculiar na leitura de obras canônicas, que é precisamente o que Guillory defende, e ele tampouco associa esse prazer à ideia de autoridade. Não há a menor necessidade de supor uma hierarquia dos prazeres para reconhecer que há algo diferente no prazer proporcionado por uma grande obra literária. Nem mesmo uma distinção entre prazeres simples e complexos é inteiramente útil nesse aspecto. O prazer de um chuveiro quente é, sem dúvida, mais simples do que o prazer de ler Proust, mas não há evidência de que, por exemplo, o prazer da consumação sexual, em especial quando a relação entre os parceiros é intensa, seja menos complexo do que a experiência da leitura, ainda que decerto seja de tipo muito diferente.

A natureza precisa da diferença continua sendo esquiva. Kermode inicialmente invoca a noção do estruturalista tcheco Jan Mukařovský de que "parte do prazer [da obra literária] e o valor que sua presença indica e mede provavelmente estão no poder do objeto de transgredir, sair, interessante e reveladoramente, dos modos aceites de tais artefatos". Embora não se torne uma parte central do argumento, esse conceito pode perfeitamente ser mantido como um ponto de partida útil. Afinal, um cânone se constitui como uma comunidade trans-histórica de textos, e vive sua vida cultural por uma interação constante e dinâmica entre cada novo texto e um número imprevisível de textos anteriores e normas e convenções formais. Como Kermode observa no início da segunda palestra, "cada membro [do cânone] só existe na companhia dos outros; um membro qualifica ou nutre o outro". Em uma linha de pensamento relacionada, Carey Perloff nos lembra adequadamente que são os escritores ressuscitando, transformando e interagindo com seus predecessores, que tanto perpetuam quanto modificam o cânone, não os professores ou críticos a compilarem listas de autores aprovados. Esse impulso de inovação ou mesmo, como propõe Kermode, de transgressão em uma comunidade de admirados predecessores pode distinguir o prazer do texto de pelo menos tipos mais simples de prazeres extraliterários. Se você gosta de um chuveiro quente depois do exercício, pode ficar desconcertado com uma perceptível alteração da pressão ou da temperatura da água. Se for admirador dos romances de Philip Roth, certamente não há de querer que *O teatro de Sabbath* lhe dê exatamente o mesmo prazer que você teve ao ler *O avesso da vida* ou um romance de qualquer outro escritor, e sua tão surpreendente fusão de obscenidade, hilaridade e sombria seriedade existencial é inovadora e transgressora exatamente como

Kermode, parafraseando Mukařovský, sugere que uma obra literária deve ser.

Mas, se algum tipo de novidade proposital, junto com uma afirmação necessária de pertencimento à comunidade textual existente, apontar para o contexto definidor do prazer da obra canônica, qual será seu caráter diferencial, seu teor especial? Em relação a essa questão central, a discussão fica um tanto obscura em todos os lados. Guillory, com bastante sensatez, quer que tenhamos em mente a especificidade do prazer que experimentamos através da literatura, mas não faz nenhuma proposta quanto ao que isso pode ser. Hartman, que, ao contrário dos outros contestadores, se sente incômodo com a própria associação de prazer a cânone, teme que o termo e o conceito de prazer "se precipitem no abismo". Não oferece mais do que uma insinuação oblíqua do que isso pode significar, embora pareça reagir à introdução da discussão de Kermode sobre a noção de *jouissance* de Roland Barthes com sua sugestão de uma resposta tão intensa que estilhace a identidade.

Os teóricos franceses costumam ter certa predileção por exageros surpreendentes e metafisicamente violentos, e é possível que o horror de Hartman pelo abismo aberto pelo conceito de prazer tenha sido influenciado por tais hábitos de pensamento. Kermode, aqui e em toda a sua obra, expressa uma sensibilidade mais comedida (talvez britânica), mas pode ser que retenha algum vestígio do vocabulário de crise ontológica de Barthes quando, ao considerar sua citação descontextualizada de Wordsworth, propõe uma conjunção de felicidade e desalento como qualidade distintiva do prazer derivado da leitura de um texto canônico. O elemento de desânimo ou perda certamente contrapõe a leitura à dança e ao xerez, e suponho que seja parte integrante do caráter "filosófico" da literatura canônica, no pressuposto de que qualquer reflexão filosófica sobre a condição humana se limita de algum modo a reconhecer a perda inelutável, a dissolução e a dolorosa disjunção entre as aspirações humanas e as circunstâncias arbitrárias da existência. O entrelaçamento da felicidade com o desalento decerto ocupa muito espaço na literatura canônica. Funciona perfeitamente em "Resolução e independência", e é evidente em uma ampla gama de textos desde o Livro de Jó até *Rei Lear*, *Moby Dick* e *Os irmãos Karamázov*. Ao ler tais obras, temos uma forte sensação de euforia no poder magistral (e na coragem) da imaginação poética juntamente com uma dolorosa experiência de angústia na visão de sofrimento ou mal gratuito ou destrutividade articulada na obra. Hartman por certo tem razão em vincular essa combinação peculiar com aquilo que em outras estruturas conceituais se chama o *sublime*.

O problema óbvio é que nem todas as obras canônicas são expressões do sublime. Duas grandes categorias da literatura que incluem muitos textos canônicos eminentes têm pouquíssimo a ver com o sublime e não podem ser vinculados com a experiência de perda ou desalento, a não ser mediante muito esforço interpretativo. A primeira, que se manifesta em certos tipos de romance, de poesia satírica e de drama, é uma literatura mundana do cotidiano. Nesse tipo de escrita, os autores abordam a rede de instituições sociais, geralmente contemporâneas, e o espectro de tipos de personagens, com suas diversas fraquezas e virtudes, que podem ser vistos colidindo e interagindo dentro desses contextos sociais. A inteligência de observação é estimulada por tais textos e é essencial para o prazer de lê-los, e esse exercício de inteligência é inseparável do hábil manejo da forma literária pelo escritor – o estilo, a invenção narrativa, o diálogo, as estratégias para a complicação do significado mediante a ironia, e assim por diante. Entre os exemplos mais notáveis dessa literatura de mundanidade em inglês figuram a poesia de Alexander Pope – pode-se pensar especialmente em seus extraordinários "Ensaios morais" – e os romances de Jane Austen. O prazer proporcionado por tais escritos é de um tipo particularmente adulto (o que não quer dizer "superior"), que é mais social e moral do que filosófico. Não envolve a dissolução do eu nem um abismo existencial, e sim um delicioso jogo de percepção, um convite a ponderar motivos e a fazer discriminações sutis a respeito dos dilemas de comportamento, caráter e moral. Como um prazer da faculdade de inteligência exercida por meio da linguagem engenhosa, ele se distingue dos prazeres extraliterários, sejam simples, sejam complexos. Às vezes, essa perspectiva mundana pode ser proeminente em uma obra literária que também expressa perda ou desalento, como em Stendhal ou Proust, mas esse não é necessariamente o caso.

 A outra categoria de expressão literária em grande parte alheia ao sublime é a comédia. Pode-se admitir que há obras em que a comédia se faz sentir como um triunfo sobre a perda e que, portanto, parecem corresponder à descrição de Kermode de uma mescla de felicidade e desalento: no *Ulysses* de Joyce, a animada peça cômica e a grandiosa afirmação final de amor e vida são afirmações corajosas em face do desastre do casamento dos Bloom, da lembrada morte de seu filho pequeno e do declínio da masculinidade de Leopold Bloom; em *Tristram Shandy* de Stern, a perspicária divertidíssima e a pura farsa são em parte uma reação nervosa aos medos da impotência, da castração e da ameaça de morte por tuberculose que persegue o narrador. No entanto, muitos exemplos de literatura cômica não são afetados por tais ansiedades. A ficção de Rabelais, algumas peças de Molière, se bem que não todas, e, no próprio cânone bíblico, o Livro de Ester (uma fusão de conto popular e farsa satírica) dão prazer graças à alta exuberância da invenção verbal e narrativa. *Tom Jones* é outro exemplo característico: o banimento temporário do protagonista de Paradise Hall, a sombra de um possível incesto e de prisão não podem ser levados muito a sério na estrutura cômica do romance, que constantemente se delicia com o exercício sutil da ironia espirituosa e do desdobramento inventivo de incidentes divertidos e de tipos humanos. Se a literatura, como todos os participantes dessa discussão supõem variavelmente, envolve uma espécie de luta livre com os diversos aspectos da condição humana, inclusive os mais profundamente inquietantes, ela também é uma forma de jogo com a linguagem, a história, a fala representada, e a própria jocosidade, exibida por um mestre da arte, e pode nos dar, já que somos criaturas da linguagem, da história e da fala, um prazer permanente de um tipo que nos faz querer reter tais obras em um cânone.

O abandono da comicidade pode ser um sintoma de nosso clima intelectual sombrio. Não há lugar para isso, por exemplo, em *O cânone ocidental* de Harold Bloom, que vê o canônico em termos de luta e confrontação constantes, e, posto que não haja bloommianos entre os participantes dessa discussão, eles parecem compartilhar sua ideia de que a literatura é um ofício existencialmente sério, e não dão muito espaço para a possibilidade de o prazer do texto canônico às vezes também carecer de seriedade ou até mesmo ser "baixo" (embora talvez ao mesmo tempo complexo).

O âmbito dessa discussão sobre o cânone é naturalmente acadêmico, mas até certo ponto isso pode ser um problema, porque nenhum grupo vocacional que me ocorra é mais inclinado do que o erudito a confundir os contornos de seu mundo profissional com os contornos do mundo. Assim, Hartman se pergunta por que "a mudança no estudo da literatura, registrada e deplorada por Kermode, é acanônica", ao passo que o que é acanônico certamente deveria pertencer às próprias obras literárias, não às atitudes e aos métodos aplicados na análise da literatura em nossas instituições de ensino superior, e não creio que Kermode pretenda sugerir que os estudos literários se tornaram "acanônicos", apenas que desenvolveram algumas visões esquisitas daquilo que faz um cânone. Um programa de estudos ou uma lista de leituras obrigatórias para determinado grau é algo muito estabelecido pela autoridade acadêmica, mas os professores muitas vezes confundem o que fazem no *campus* com o funcionamento da realidade cultural ou mesmo política fora do perímetro do *campus*.

Nesse aspecto, a intervenção de Carey Perloff oferece um bem-vindo corretivo à discussão geral. Perloff, que não é acadêmica, e sim diretora artística do Conservatory Theater de São Francisco, oferece uma perspectiva da linha de frente, na qual as obras antigas são preservadas ou revividas para públicos vivos e onde as novas começam a entrar no cânone. A partir dessa perspectiva prática privilegiada, ela vê o cânone moldado e redirecionado por artistas que reveem e utilizam as obras recentes de outros artistas, sem mediação professoral. Sua visão do cânone é esperançosa, não obscurecida pela prostração existencial, porque ela é testemunha de como a vida dele é reiteradamente renovada pela energia criativa de artistas individuais conscientes de seus predecessores, e pode-se supor que sua noção do prazer transmitido pelas obras canônicas é muito concreta porque, se as peças que Perloff põe no palco não dessem prazer ao seu público, ela perderia o emprego.

De modo que o prazer mostra ser um critério razoavelmente útil para o canônico, embora, como essas discussões indicam, ele tenha lá suas ambiguidades. Não se deseja afirmar, como acho que todos os debatedores concordariam, que esse prazer do canônico está associado a alguma autoridade única inerente aos textos canônicos. A literatura agrada em parte porque nos convida a enxergar, através dos recursos da linguagem, mais sutilmente ou mais profundamente quem somos e como é nosso mundo, e essa visão pode ser desanimadora, aprazível ou as duas coisas. Naturalmente, há outros modos de ver que podem ter profundidade própria. Seja qual for seu assunto, seu humor e sua forma, a literatura também agrada porque sentimos deleite ou exultação ao presenciar o exercício da pura magia das palavras e o domínio arquitetônico da imaginação. Quando as obras outrora valorizadas deixam de agradar à medida que os tempos e os gostos mudam, elas vão para as margens do cânone – como aconteceu com os romances de George Meredith ou com a poesia de James Thomson. O prazer da leitura, claro está, não é puramente estético nem puramente a consequência das propriedades formais do texto e, muitas vezes, é influenciado pelos valores articulados na obra. Assim, a evolução do cânone não pode ser explicada unicamente em termos das qualidades intrínsecas do texto literário, mas também tem de estar ligada a considerações bem complicadas de história social e cultural, como sugere a noção de mudança de Kermode. Entretanto, tais considerações nos levariam além do horizonte da discussão coletada neste volume, que pelo menos oferece alguns vislumbres de iluminação sobre uma questão que é urgente para a cultura.

Prazer e mudança
Frank Kermode

Prazer

Durante esta conversa, tentarei explicar como o prazer pode entrar em uma discussão sobre cânones. Esse é um propósito desta primeira conferência, e, se eu conseguir alcançá-lo, não terei dificuldade para discutir Shakespeare em minha segunda palestra. A verdadeira dificuldade é o tópico do cânone não ser em si uma fonte óbvia de prazer, e o empreendimento pode desafiar a capacidade do orador de atingir aquela percepção de semelhança entre dissimilares tão admirada por Aristóteles. Ademais, o trabalho precisará ser feito sem o tédio envolvido em examinar o terreno de perto, demonstrando ou refutando pontos de um modo com o qual nós todos nos familiarizamos muito ultimamente.

Houve um tempo em que a discussão sobre cânones era exaltada, mas simples, à maneira do dr. Leavis: Milton devia ser desalojado; ou Shelley, salvo do rebaixamento à apocrifia? Essas discussões eram intensamente conduzidas, até com paixão, mas por baixo delas havia um acordo geral em que acertar o cânone era uma questão social, embora determinada por argumentos estéticos; raras vezes ou nunca se sugeriu que a totalidade do cânone, independentemente de quem eram seus membros, fosse descanonizado. O debate girava em torno de questões como o grande estilo de Milton ou a repreensível vaguidade de Shelley. Isso foi abandonado mais ou menos silenciosamente quando tais considerações começaram a parecer quiméricas; sendo que as verdadeiras questões eram se a noção de cânone não passava de um mito perverso, concebido para justificar a opressão das minorias – uma arma de propaganda política agora finalmente revelada como tal e, portanto, "desmistificada". Em geral, as questões de valor literário eram deixadas de lado por não serem consideradas relevantes ou mesmo ridicularizadas como tolices demonstráveis.

Por uma série de decisões institucionais, um grande número de pessoas, das quais se pode dizer que são pagas para fazer a leitura séria da comunidade, deixaram de falar muito sobre literatura, por vezes descartando a noção de que tal coisa realmente existisse, e inventando coisas novas sobre as quais falar, por exemplo, gênero e colonialismo. Sendo essas questões certamente urgentes, parecia natural parar de discutir literatura como tal, a não ser quando parecia proveitoso negar sua existência. A crítica, tal como entendida até então, sofria na companhia de seu assunto, e os especialistas subiam facilmente ao que, se você aprovasse, poderia se chamar nível metacrítico.

Sob a dispensação antiga, podia-se escolher entre várias metodologias críticas que tinham em comum apenas as pressuposiçoes de que era permitido falar em qualidade literária e de que se podia ler com um grau de atenção que justificasse a emissão de julgamentos, até de declarações, que algumas obras exigiam ser lidas por todos os que reivindicavam o direito de expor e instruir. Sob a dispensação metacrítica mais recente, agora havia muitas maneiras interessantes de banir essas atividades e substituí-las por métodos de descrição e análise que podiam derivar sua força da linguística, da política, da antropologia, da psicanálise ou do que diziam que eram modos totalmente novos, livres de ilusões e emocionantes, de escrever história.

Tendo envelhecido, meu destino inevitável passou a ser viver e trabalhar sob as duas dispensações. Escrevi sobre os cânones e sobre muitas outras coisas, com visão dupla, e tentei participar de controvérsias de ambos os tipos – a antiga sobre deslocamento ou inserção e a nova sobre o cânone como um poder abusivo. E, como disse Chateaubriand nas *Mémoires d'Outretombe* [Memórias de além-túmulo], "se eu comparar os dois globos terrestres, o que conheci no início da vida e o que agora observo no fim dela, já não reconheço um no outro".[1]

O grande ponto de inflexão, como a maioria concordaria, ocorreu na década de 1960, quando eu já era quarentão, idade na qual dizem que é difícil mudar totalmente de modo de pensar a literatura ou qualquer outra coisa. Embora descontente com essa generalização, estou longe de acreditar que posso olhar para trás e discernir uma clara trajetória de crença – por exemplo,

---

1 Apud Gossman, *Between Literature and History*, p.383.

de conversão, apostasia, reconversão a uma fé reformada. Deve haver confusão, e o que eu tenho a dizer nestas palestras confirmará quase com certeza sua presença em minha cabeça. Mas imagino que quase todo mundo no ofício, com exceção de alguns fanáticos, admitiria certo grau de confusão. É uma função da passagem do tempo; deve ser o resultado das exigências cambiantes de uma instituição. O novíssimo é empolgante, seus proponentes o adornaram pelo menos momentaneamente com carisma. Mas segue-se o conhecido declínio do carismático para o institucional, daí o descontentamento resultante, eis que se gerou um novo carisma, detectado e defendido por expositores leais, enquanto lá embaixo, nas escolas de pós--graduação, prevalece um paradigma que sempre pode estar um pouco desatualizado.

As modas se sucedem rapidamente (Pierre Cardin certa vez definiu a *moda* como "aquilo que sai da moda"), e o trabalho que foi durante algum tempo incontestável (por sua importância, embora não por seus detalhes) – Leavis, Frye, Blackmur – some do mapa quase por completo. De vez em quando, alguém como Christopher Norris pode, em um momento de devoção, tentar "recuperar" uma reputação de estilo antiquado particularmente brilhante, afirmando que seu proprietário seria um novíssimo crítico *avant la lettre* – Empson, nesse caso, agora concebido como tendo antecipado a desconstrução em sua grande suma teórica *A estrutura das palavras complexas*. O velho rabugento repudiou essa noção com seu desprezo habitual, chamando a obra de Derrida (ou, como ele preferia chamá-lo, "Nerrida") "muito nojenta", ainda que dando poucos sinais de ter prestado atenção a alguma parte dela.

Tenho uma ideia acerca do curso da história intelectual que tenta ter em conta a operação do acaso. Freud simplesmente desconsiderou Dilthey e Saussure: como sua obra poderia ser diferente se ele tivesse lido um dos dois? I. A. Richards obteve sua psicologia a partir das doutrinas predominantes na época, de Stout, Ward e William James, com certo enrijecimento neurológico de Sherrington. Conheceu Wittgenstein pessoalmente, mas não deu atenção a suas filosofias. Seu mestre de filosofia era G. E. Moore, cuja autoridade mal sobreviveu às intervenções de Wittgenstein. Ninguém podia dizer positivamente que ele carecia de bons professores, mas estes fecharam a porta de sua atenção a Freud. Richards se interessava por uma enorme gama de coisas, inclusive a psicologia da *gestalt*, e dificilmente poderia, mesmo na década de 1920, ter evitado falar em Freud – aliás, dizem que, a certa altura, ele cogitou fazer carreira na psicanálise –, mas, como no caso de Wittgenstein, não deu em nada. Sua rota estava definida. Uma vez mais, podia ter sido diferente se ele tivesse se interessado por Nietzsche já que, com sua formação clássica, poderia muito bem tê-lo feito, mas Nietzsche, suponho, não é muito mencionado no vasto corpo dos escritos de Richards.

Menciono esse exemplo porque ali estava um pensador profundamente sério, em uma forte posição para saber o que estava acontecendo no mundo das ideias – sobretudo porque o polimático C. K. Ogden foi seu primeiro colaborador –, mas depois seguiu um caminho próprio e não aquele que poderia ter mais interesse para um público moderno. O que quero dizer é que o acaso, auxiliado pela formação individual, os caprichos do interesse pessoal e os interesses das comunidades interpretativas, pode causar desvios que, cedo ou tarde, asseguram o abandono total do caminho não percorrido – e isso vale para a história da crítica literária moderna. Raramente alguém se dispõe a voltar à bifurcação na estrada e dar uma olhada no outro caminho.

Esse caminho, mais recente, porém agora totalmente abandonado, penso eu, era o formalismo – refiro-me à variedade da Europa Oriental, que foi importada nos anos 1960 sob a influência de Tzvetan Todorov e propagada pelo exemplo de eminentes autores emigrados como Roman Jakobson, ambos no início de sua obra, quando esta ficou tardiamente disponível, e em suas aventuras posteriores com Lévi-Strauss e outros na qualidade de analista de Baudelaire e Shakespeare.

Quando eu estava pensando nas divisões em minha mente e refletindo que a resposta estética – o prazer – tem um papel bastante restrito no pensamento crítico moderno, eu me lembrei de uma distinção formulada pelo crítico tcheco Jan Mukařovský, que acabou se interessando pelo prazer estético, então ainda não um tema tabu. Em termos gerais, ele argumentava que o objeto poético podia ser estudado com severidade formalista como artefato, mas que sua finalidade estética só se realizava pela ação de um leitor responsável. Essa resposta por certo será condicionada pelas normas e os valores da comunidade do leitor, mas também pelas escolhas e características individuais – muito *grosso modo*, pelo que lhe dá prazer. Mukařovský também acreditava que parte do prazer e do valor que sua presença indica e mede provavelmente residem na capacidade do objeto de transgredir, de se afastar de modo interessante e revelador das formas aceitas de tais artefatos.

Assim, para se qualificar como dona de uma função estética, a obra deve dar prazer e também deve ser nova. Mukařovský acreditava que tais trabalhos tinham valor porque davam prazer ao indivíduo e, ao mesmo tempo, eram socialmente valiosos por causa do elemento comum na reação dos leitores sérios. A questão de como se pode esperar que o trabalho permaneça novo – lembremo-nos da observação feita por Thomas Love Peacock – é difícil. Mas Mukařovský estava disposto a levar em conta a mutabilidade das obras poéticas no tempo (inevitavelmente, mesmo porque o armazém de normas e valores é reabastecido), que continua muito depois da morte de seus primeiros leitores sérios. Ele não duvidava que o valor estético mudasse e possivelmente viesse a desaparecer; o ponto importante estava em que, como sua fonte era o leitor, esse valor em todo caso seria diferente de uma época para outra. Essa é uma questão importante para os crentes na canonicidade, da qual vou me ocupar em minha segunda conferência. Hoje em dia, é provável que associemos as abordagens desse problema à obra de escritores posteriores, em especial Hans-Georg Gadamer e talvez Hans Robert Jauss, embora esta também seja uma questão importante para os estudiosos da Bíblia.

Esse modo de falar tem uma vantagem negada à variedade anglófona do formalismo com sua agora universalmente deplorada ênfase nas virtudes autotélicas de um poema, porque ele pode lidar com o prazer sem negligenciar as relações entre arte e sociedade. Ao contrário de algumas outras teorias conhecidas, ele atribui o poder do vínculo social aos esforços estéticos dos indivíduos. Retomaremos isso mais adiante. Por ora, basta dizer que Mukařovský pensava que a obra poética, considerada em seu aspecto estético, tinha o poder de dar prazer e de continuar dando-o, muito embora as reações, e de certo modo a própria obra, também tivessem de mudar. A falha no dar prazer rompe o vínculo, porque o prazer é a própria condição da resposta individual. A falta de mudança prejudica o trabalho ao reduzir o prazer que surge, talvez só possa surgir, da modernidade, do processo de desfamiliarização que é, em primeiro lugar, concebido pelo artífice e, em segundo lugar, torna-se obra do tempo.

Tendo observado no princípio que o prazer e o cânone podem parecer parceiros intranquilos, passo a argumentar que eles não são necessariamente assim, que o conflito é apenas aparente. De fato, considero esse requisito do canônico necessário, ainda que não óbvio, que é ter de dar prazer. O prazer, nas palavras do lendário professor de Oxford, é um assunto muito preocupante – uma ilustração adicional, caso fosse necessária, do fato de que a práxis pode ser mais divertida do que a teoria. Platão parece ter dito que a dor era o resultado da desordem no organismo, já o prazer provinha da restituição da ordem. Sentir frio é doloroso; aquecer-se é agradável. Mas há formas superiores de prazer que não envolvem os processos orgânicos: o temor de uma perturbação dolorosa é doloroso em si; a expectativa de aliviar esse temor é agradável (*Filebo*, 32c). O argumento se complica, mas, em termos gerais, pode-se dizer que Platão sempre pensa no prazer em relação com uma dolorosa falta ou carência.[2]

No entanto, por certo não vamos procurar explicações tão remotas no tempo. Provavelmente, ao começar a considerar esse assunto, pensamos primeiro em Freud e seus seguidores. Freud fala na "série prazer-desprazer" e, no fundo, seu argumento se baseia em uma ideia não totalmente diferente da de Platão: as atividades do ego causam tensão, cujo aumento é sentido como desprazer; e sua redução, como prazer.[3] O trabalho "Psychology and Form" [Psicologia e forma] de Kenneth Burke apresenta uma teoria outrora famosa, segundo a qual a forma literária consiste em criar necessidade (falta afirmativa) no leitor e, a seguir, proporcionar as satisfações compensatórias. Peter Brooks acha que o *eros* freudiano, que procura combinar a substância orgânica em unidades cada vez maiores, conduz a trama; há, argumenta ele, "um movimento *rumo* à totalização sob o mando do desejo".[4] Assim, uma carência é eliminada pela conclusão do enredo. Mas essa força vinculante coexiste com a

---

2 Cf., por exemplo, Taylor, *Plato: The Man and His Work*, cap.16.
3 Por exemplo, Freud, *An Outline of Psychoanalysis*, 3, p.67ss.
4 Brooks, *Reading for the Plot: Design and Invention in Narrative*, p.37.

sua oposta, que procura desfazer conexões e destruir – reduzir a um estado inorgânico. Os dois instintos interagem e "estão necessariamente presentes em toda parte" (p.7).

E é verdade que, sempre que se fala em prazer, se toma consciência das muitas maneiras pelas quais as polaridades interagem, de forma mais simples nas relações de prazer e dor. Não se há de negar que essa relação geralmente é próxima, e não só nos estados patológicos; a proximidade do par é um lugar-comum na poesia de amor. Recordemos o Ciúme alegórico de Spenser, para quem "o prazer doloroso [se transforma] em dor agradável" (*Fairy Queen* [A rainha das fadas], III.10.60).

Roland Barthes propôs uma visão mais moderna, mais refinada, da questão em seu livro *O prazer do texto*. Como todos sabem, Barthes distinguia os prazeres da leitura daquilo que ele denominava *jouissance*, palavra associada em francês com, entre outras coisas, o orgasmo, e conotando uma experiência não simplesmente agradável, mas misturada com algo talvez mais bem descrito como desalento. No texto sobre a *jouissance*, ele diz: "O prazer, a língua, a cultura estão em pedaços". Esse texto é "absolutamente intransitivo, o extremo da perversão". As experiências de prazer e *jouissance* nem sempre são claramente distinguíveis, pois podem acontecer juntas, mas o texto sobre a *jouissance* sempre envolve uma perda, uma dispersão; está fora do contexto do prazer, na verdade está mais próximo da dor.[5] A experiência em questão está além do escopo

---

5 Barthes, *Le Plaisir du texte*, p.37-8.

do criticismo descritivo, pois semelhante comentário teria de ser da própria natureza da *jouissance*, um plágio desesperado e enlouquecido equivalente a *"une grande perte subjective"* (p.93) muito diferente em qualidade da repetição obsessiva do texto do prazer, que, em sua própria natureza, requer alguma forma de participação social. Como expressa Stephen Heath, o prazer surge a partir de um vínculo com "o deleite e a identidade culturais", ao passo que a *jouissance* destrói essa identidade e não deve ser identificada com o prazer.[6]

Agora, quero falar a respeito de Wordsworth e de um poema em específico que já discuti com frequência, como muitos membros deste público devem ter de fazer. Certos aspectos desse poema me parecem iluminados pela parelha barthesiana – *plaisir* e *jouissance* – e, nesse aspecto, creio que ele se parece com muitos outros poemas canônicos. Convém recordar que Wordsworth atribuía uma enorme importância ao prazer, considerando-o essencial para a poesia e para os poetas, e sempre temeu a diminuição do prazer nele próprio e, em consequência, uma progressiva incapacidade de fornecê-lo aos outros. Ele disse que o poeta "escreve sob uma única restrição: a necessidade de dar prazer imediato a um ser humano possuído pela informação que dele se pode esperar" – não como um advogado, um médico etc., mas "como um Homem".[7] Quer dizer, o prazer

---

6 Id., *Image-Music-Text*, introdução.
7 Wordsworth, Prefácio a *Lyrical Ballads* (1802), in: Hayden (org.), *Selected Poems*, p.443.

do indivíduo poderia estar relacionado com a resposta esperada de um cidadão de formação comum – um público educado. Wordsworth fazia questão de distinguir esse prazer de qualquer outro que fosse obtido, como ele dizia, na dança ou no xerez, pois a poesia não era apenas uma fonte de prazer, era filosófica. No mundo tal como era, "uma multidão de causas, desconhecidas nos tempos anteriores, agem [...] com uma força combinada para embotar os poderes discriminativos da mente e incapacitá-la para todo esforço voluntário, a fim de reduzi-la a um estado de torpor quase selvagem" (p.438). Quão fácil, então, perder aquele prazer superior, quando um homem está corretamente "satisfeito com suas próprias paixões e volições" (p.441) e pode esperar que os outros homens sintam o mesmo. Um gosto para a dança e o xerez pode durar mais do que os prazeres filosóficos do poeta. Aliás, isso só poderia ser alcançado mediante esforços de grande originalidade, mediante novas formas desfamiliarizantes de escrever poesia, como Wordsworth anunciou em seu prefácio de 1800. O esforço foi grande, e grande foi o esforço para redescobrir o poder de satisfazer essas necessidades, e, embora isso em si possa ser um tema importantíssimo da poesia, a perda do poder e o temor dessa perda são fontes de desalento, como Coleridge também testemunharia, bem como Yeats.

A conjunção de prazer e desânimo é uma característica bem conhecida da poesia lírica romântica e pode ser desconcertante para a crítica, que fica muito mais à vontade com o prazer do que seu parceiro sênior – em certo sentido, ele também se opõe ao seu complemento –, a *jouissance*. A prosa de Wordsworth nada tem a dizer sobre o desalento, que é a sombra do prazer, talvez porque, como acreditava Barthes, fosse impossível escrever *acerca* dele. Mas a poesia decerto fala muito sobre a perda e o desalento.

"Resolução e independência" é um poema romântico arquetípico com uma poderosa influência sobre o futuro da arte. Entretanto, ele lembra a poesia anterior, cedendo a ela com sua rima real a estrofe de *Troilo e Créssida* e *O rapto de Lucrécia*, embora tendo como último verso um alexandrino spenseriano, artifício usado por Chatterton em sua "Excelente balada da caridade". A estrofe é tradicionalmente associada à narrativa, mas essa é, à sua maneira peculiar, uma narrativa, ainda que altamente original, como nenhum poema narrativo anterior, com exceção de alguns do próprio Wordsworth, se bem que bastante parecido com alguns que vieram depois dele.

Tentei mais de uma vez dizer algo interessante, algo que refletisse meu interesse permanente por esse poema. É muito ingênuo começar dizendo do que se trata, ou do que não se trata, mas é preciso começar de algum modo, então podemos fazê-lo irritando muitos wordsworthianos modernos, dizendo que ele é realmente menos sobre a pobreza do coletor de sanguessugas (um homem "a viajar sozinho entre as montanhas e por todos os lugares solitários, levando consigo sua própria fortaleza e as necessidades que uma situação social injusta lhe impôs") do que sobre a ideia da pobreza do poeta, o temor vazio de "um jovem poeta [...] oprimido pela ideia dos reveses miseráveis que se abatem sobre os mais felizes dos homens, isto é, os poetas". Como todos se lembram, o enredo do poema é o seguinte: o poeta experimenta alegria em uma bela paisagem matinal, corre como a lebre em sua alegria, foge dos pensamentos melancólicos que teve na noite anterior, mas de repente sua disposição muda, e é como se essa mudança fosse a consequência necessária da alegria:

Tão alto remontamos na alegria
Quanto na tristeza profundamos.

O poeta mergulha então na "sombria tristeza e em cegos pensamentos que ele não conhecia nem podia nominar". Reflete sobre a vida que "viveu em agradáveis pensamentos", mas acrescenta que, embora tenha recebido muito, ele nada deu em troca. Porém esse momento, que enfatiza sua felicidade anterior, parece menos importante do que o presságio do custo futuro dessa vocação, a perda daquela felicidade:

Nós poetas na juventude começamos na alegria;
Mas daí vem o desalento e o desvario.

O que a narrativa tem de fazer é unir uma imagem da atual pobreza ao medo à pobreza – está difícil achar sanguessugas e é provável que o mesmo aconteça com os poemas. E o velho perde seu contorno original; inicialmente parece carregar "um peso mais do que humano", mas logo dá a impressão de estar se dissolvendo em pouco mais do que uma nuvem, uma figura espectral. A conversa que se segue estabelece o ofício do homem, mas sua voz, embora tão digna quanto o prefácio de Wordsworth diz que a linguagem de tais oradores deve ser, desaparece à medida que sua imagem se desvanece; ele não é mais do que um sonho, e o poeta nesse sonho retorna à sua reflexão sobre "poderosos poetas mortos em sua miséria". Assim, o poeta e o poema são ao mesmo tempo perturbados pela forma e pela fala do homem – como se essa aparição fosse um poema nascente, portanto um índice de alegria, mas alegria mesclada com o pavor da miséria por vir. O poema termina quando o poeta se anima dizendo que o corajoso velho será um exemplo para ele à medida que seus poderes e sua coragem desaparecerem.

O próprio Wordsworth insistiu, na estranha e agitada carta a Sara Hutchinson, em que o poema é sobre "um jovem poeta [...] dominado pela ideia dos miseráveis reveses que se abatem sobre os homens mais felizes, isto é, os poetas" e sobre a "intervenção da Providência" que lhe deu uma dimensão de resolução e independência, a força para contemplar uma pobreza futura. Mas essa não é toda a história. O ponto de inflexão do poema (bem que não do encontro real em que este teve origem) é justamente a intervenção daquela "graça peculiar", a "orientação do alto" que o levou a conversar com o coletor de sanguessugas.

Estas expressões – "graça peculiar", "orientação" – têm uma forte ressonância calvinista, mais pertinente aos "habitantes de sepultura", um dos quais ele supõe que o velho seja, do que a ele próprio. O modo de falar do velho está "além do alcance/ Dos homens comuns" devido à sua majestosa pureza – e nisso não difere do modo de falar do poeta, mas com fundações éticas e espirituais distintas. Os poetas podem dizer "Pelo nosso espírito somos deificados", afirmação repugnante para os habitantes de sepultura. As duas expressões de inspiração, secular e religiosa, são dispostas juntas para o contraste. A pétrea firmeza do velho, o habitante de sepultura, é uma questão bem diferente da excitada ação do espírito poético, e o contraste é feito à custa do tipo mais secular de escolha.

Uma "graça peculiar" é uma graça concedida livremente a determinada pessoa, e aqui ela se aplica ao poeta, por uma analogia inteligível; mas ele ainda pensa no preço disso, no custo de alcançar um estado de graça que produz poesia e alegria, estado do qual ele pode cair; de modo que a condição da poesia é mais parecida com a do religioso, de Cowper por exemplo, que sabe o que é esse estado, mas receia e sofre seu fim.

Isso é uma espécie de começo, mas deixa tudo por ser dito. O que se deveria dizer então desse poema estranho e, às vezes, aparentemente absurdo, solene, mas claramente sujeito à paródia, como notou Lewis Carroll? Muitas interpretações convertem diretamente o poema em material para biografia: por exemplo, Stephen Gill o considera uma resposta à "Carta a Sara Hutchinson" de Coleridge, um confronto do "derrotismo introvertido" daquele poema.[8] Kenneth R. Johnston

---

8 Gill, *William Wordsworth: A Life*, p.200-2.

detecta "um bardo preocupadíssimo com sua capacidade de resistência", vivendo "uma crise vocacional" e procurando evitar os excessos de Chatterton e Burns, assim como as "irresponsabilidades" de Coleridge. Enquanto Coleridge, na época do poema, lamentava um casamento desfeito, Wordsworth havia resolvido sua fracassada história romântica passada e estava prestes a se casar alegremente com Mary Hutchinson.[9] John Worthen, em sua recente biografia composta, observa que não se sabe ao certo se o poema de Wordsworth foi escrito antes ou depois do de Coleridge. Para ele, os dois poemas fazem parte de uma prolongada "conversa fraternal" entre os poetas, mas, em todo caso, ele sente que não adiantava muito dar o exemplo da mente firme do coletor de sanguessugas ou a reflexão de que muitas pessoas estavam em circunstância pior do que a dele, considerando a situação difícil em que se encontrava; embora ele indique que Coleridge publicou seu poema no dia do casamento de Wordsworth, "como para dizer 'isso – infelizmente – é verdade para mim, seja lá o que for – felizmente para você, é verdade para *você*'".[10]

A conexão biográfica de Coleridge decerto é muito forte e desafortunada. O que deveria importar é o próprio poema, como Wordsworth teria concordado. Em sua carta a Sara, o poeta defende o poema de um modo bastante agitado: "Se ele

---

9 Johnston, *The Hidden Wordsworth*, p.775-6.
10 Worthen, *The Gang: Coleridge, the Hutchinsons & the Wordsworths in 1802*, p.189-90.

não estiver mais do que muito bom [depois da introdução do velho], há de estar muito ruim, não há estado intermediário". Sara não gostara da figura do coletor de sanguessugas; ele quer que ela o admire, porém, o que é mais importante, insiste em dizer que o encontro, a graça peculiar, que o resgatou do desânimo e do desespero foi "quase como uma intervenção da Providência", mas o poema só poderia ser prova disso se fosse um poema bom, na verdade, um poema ótimo.

O prefácio de 1815 explica o que ele precisava ser – o que a figura do velho e todo o poema precisavam ser – para satisfazê-lo. Agora Wordsworth tinha certeza de que era de fato muito bom, de modo que ele podia usá-lo para ilustrar a maneira como a imaginação opera em "imagens em uma conjunção pela qual elas se modificam mutuamente". Ele escolhe os versos que começam "Como uma pedra enorme às vezes é vista repousando/ Cravada no calvo topo de uma eminência" e prossegue rumo às comparações com a fera do mar e a nuvem:

> A pedra é dotada de parte do poder da vida para aproximá-la da fera marinha, e a fera marinha é despojada de algumas de suas qualidades vitais para assimilar a pedra; cuja imagem intermediária é assim tratada com o fim de aproximar a imagem original, a da pedra, da figura e da condição do velho.

Menciono isso não como um pouco de biografia, o poeta a ler seu próprio poema, mas como um exemplo do tipo de luta que até mesmo um bom crítico tem de aceitar se quiser dizer algo útil sobre um grande poema.

Wordsworth fala, de um modo tão claro quanto é razoável esperar, como um crítico do poema, tentando explicar suas coalescências e divagações internas. Se agora o poema não estiver muito bom, só pode estar muito ruim. Na carta a Sara, ele diz algo sobre como veio a escrevê-lo, mas sua preocupação é sempre com o poema. E, é claro, não diz nada acerca de sua relação com a tristeza de Coleridge. As conjecturas biográficas têm interesse próprio, mas esse não é o interesse do poema.

O que preocupa Wordsworth na carta é o que ele denomina "o sentimento de espiritualidade ou sobrenaturalidade" induzido pelo velho.[11] O mistério, ou seja, o mistério não é do velho, e sim do próprio poema. Reduzir o poema à autobiografia é um ato que não só o torna menos interessante, como também comete um erro pior ao desviar a atenção do leitor e, assim, desconectar sua relação com o poder e os prazeres complexos da obra. Nada explica acerca da sobrenaturalidade do poema, de sua qualidade poderosamente *unheimlich*: a identificação do próprio poema com uma graça peculiar, as conjunções e disjunções do prazer e da *jouissance*. No fim, a pobreza do velho está inalterada, e não há nada que o poeta possa fazer com a sua, a não ser ter esperança de suportá-la, quiçá encontrando um poema como o velho encontra sanguessugas, por perseverança. A escuridão não é dispersa pela oração no fim:

---

11 A carta se refere a uma versão anterior do poema, mas o sentido não é afetado.

"Deus", disse, "sede meu auxílio e ficai seguro";
Eu pensarei no coletor de sanguessugas na solitária charneca!

Curiosamente, essa resignação, essa disposição a se identificar com a perda e a dissolução, deve ser considerada um constituinte da emoção que Wordsworth chamava de "alegria". Repetidamente, encontramos no melhor da poesia uma curiosa mistura de prazer e desalento.

Parece-me que a experiência integral resulta de uma justaposição ou colisão de prazer e desalento. De modo muito similar, os versos mais notáveis da "Ode da imortalidade" referem-se a

Esses obstinados questionamentos
De sentidos e coisas externas
Quedas de nós, desaparecimentos;
Receios vazios de uma criatura
A se locomover em mundos não percebidos...

O Wordsworth que escreveu esses versos era o poeta Blake colocado entre poetas verdadeiros, os poetas entre os quais "não há nenhuma competição", o poeta cuja melhor obra fez Blake sentir-se doente, cujo verso "Mas há uma árvore, de muitas" – aprendemos com as *Reminiscências* de Crabb Robinson (1869), em 27 de fevereiro de 1852 – "quase o lançou em um êxtase histérico". Notamos que as passagens que tanto perturbam Blake são sobre perda: a perda do brilho visionário, o modo como a árvore única, o campo único "falam de algo que se foi". Esses foram os monossílabos consternados que deram a Blake a experiência da combinação do prazer extático com o desânimo.

Eu compreendo que falo no poema como se ignorasse relatos tão sutis como os de David Bromwich em *Rejeitado pela memória*, que põem o homem no centro do interesse do poeta. Em um dialeto crítico diferente, Bromwich recorda aquelas quedas de nós, desparecimentos, e pergunta: por que Wordsworth nos impõe tais escolhas aberrantes de assunto e sentimento? Essa foi a pergunta que Sara Hutchinson fez, por não entender qual o motivo de se dar tanta atenção ao coletor de sanguessugas. Dorothy respondeu: "Quando você sentir que um poema dele é enfadonho, pergunte a si mesma com que espírito ele foi escrito". Ótimo conselho! Bromwich acha no poema qualidades nele observadas por Arthur Symons dezenove anos antes. Wordsworth, disse Symons,

> reuniu todas as suas qualidades, a dignidade, a simplicidade, a meditação sobre o homem e a natureza, a respeitosa piedade pela velhice e a pobreza, a observação detalhada das coisas naturais, junto com uma atmosfera imaginativa que se funde, harmoniza as formas da nuvem, da rocha e do charco e a voz do vento e do homem em uma composição única.[12]

Falou bem, mas acho que falou com excessiva calma; Bromwich, menos calmo, sabe da inquietação transgressiva da obra,

---

12 Symons, *The Romantic Movement in English Poetry*, p.88. Devo essa referência ao professor John Stokes.

uma inquietação que também é relevante para a compreensão do poeta do homem, da natureza e da vida humana.[13] Sentimos isso em todos os solitários de Wordsworth, "O velho mendigo de Cumberland" e o soldado fantasmagórico de *Prelúdio* (iv, p.192-254) do qual o poeta parte "com o coração tranquilo". Então há o narrador em *The Ruined Cottage* [A casinha em ruínas] que, tendo ouvido a história triste de Margaret, deixa-a e segue seu caminho "com felicidade" (p.525). A desolação dessas vidas não engendra o lamento convencional porque, por uma graça peculiar, o prazer e a perda são coativos na criação da alegria.

Como Blake, podemos acusar Wordsworth de muitos erros, mas, ao ler essas passagens, ecoamos seus julgamentos mais entusiásticos. É uma tarefa crítica tão difícil quanto se pode imaginar para explicar por que o prazer é tão intenso, por que é razoável dizer, com Blake, que tal escrito é "no mais alto grau imaginativo e igual a qualquer poeta, mas não superior". Falar apenas em prazer parece não bastar, embora o prazer, e a possibilidade de seu repetido desapontamento e satisfação, seja uma chave da canonicidade.

Talvez pudéssemos analisar "Resolução e independência" segundo as linhas propostas por Kenneth Burke – considerando seu artifício, como ele brilhantemente considera o artifício da cena de abertura de Hamlet: "Estávamos à espera de um fantasma e ouvimos, com surpresa, um toque de trombetas.

---

13 Bormwich, *Disowned by Memory*, p.137.

E, uma vez silenciadas as trombetas, sentimos o quão desolados estão esses três homens à espera de um fantasma em uma 'esplanada' nua (p.29)". Burke considera a maneira como a música é capaz de "lidar minuciosamente com frustrações e a realização de desejos" (p.36). Ou poderíamos citar Proust a respeito da coexistência da felicidade, ou da felicidade adiada, com o sentimento de desalento, até de vastação, que parece inseparável dela, como nas páginas sobre Veneza: como Tony Tanner expressou, Ruskin tornou Veneza "não apenas bela, mas, efetivamente, o lugar do Belo – a essência realizada, o absoluto alcançado. [...] É uma beleza que tanto desperta quanto – deve virar sua cara de Medusa – arrasa todo desejo", como de fato faz depois da partida da mãe de Marcel.[14]

É ocioso dizer que a literatura a que me referi é literatura canônica. Evidentemente, não o é devido à sua conivência com os discursos do poder; na verdade, os wordsworthianos devem distinguir entre a grande proporção de sua obra que se pode dizer que faz isso e o trabalho que entra no reino de Blake, no qual não há competição, no qual a transação é primeiro entre o poema e um leitor, e depois, necessariamente, entre o poema e muitos leitores, aqueles que, nas palavras de Wordsworth, se qualificam como seres humanos possuidores da informação que se pode esperar deles, uma posse que ele parece identificar com as posses da verdadeira humanidade.

---

14 Tanner, *Venice Desired*, p.230.

No entanto, é "pelo nosso próprio espírito" que somos deificados e, portanto, capazes de reivindicar o poder de conferir à série de palavras ou notas ou manchas de tinta – meros objetos – a honra de ser o que chamamos de arte. Dificilmente faríamos isso se os objetos, por mais sombrios e desalentadores que fossem, não nos dessem prazer. Além disso, fazemos listas, cânones, daquilo que decidimos que é valioso e, para tanto, no interesse dessa humanidade, podemos pressionar outras pessoas, nossas sucessoras. Algumas das razões que fornecemos para fazer isso podem ser falsas ou egoístas ou, em todo caso, falíveis. Mas a causa é boa. E o prazer está no centro disso. A mudança também; mas voltaremos a abordar o assunto mais adiante.

Mudança

A grande estátua do general Du Puy
Descansava imóvel, apesar dos catafalcos vizinhos
Desviou-se dos habitantes da sua nobre Place…

Nunca houvera, nunca poderia haver, tal
Homem. Os advogados duvidavam, os médicos
Diziam que um ornamento tão afiado e ilustre
Quanto uma ambientação para gerânios, o General
A própria Place Du Puy, de fato, figurava

Entre os nossos mais vestigiais estados de ânimo.
Nada havia acontecido porque nada mudara.
Mas o General virou lixo no fim.

Há os que considerariam o general de Wallace Stevens uma alegoria do cânone, em que eles são conhecidos por serem descritos como um conjunto de monumentos obsoletos e mofados. No entanto, a estátua nesse caso não mofou; nada aconteceu; a grandeza da estátua é meramente monumental e imóvel; nada mudou a não ser o gosto ou a opinião da *intelligentsia*. Mas essa opinião pode produzir o que o poeta, em outro lugar, chama de "apenas um texto, monotonia de granito", e isso basta para rejeitar a estátua como uma sobrevivência irrelevante, desprezível até, incapaz de nos chamar a atenção. Ela vive mais do que seus vizinhos humanos e isso provavelmente é o pior. Ninguém se refere a ela como uma obra de arte, pois tal coisa exigiria uma forma particular de atenção e uma tradição de atenção, embora de tipo variado, que foi interrompida. Sem essa forma de atenção, o general é lixo. Os textos também têm de mudar, ou melhor, nós temos de escolher outorgar-lhes a bênção da mudança, pois só isso os salvará de seu outro único destino possível, ou seja, virar lixo no fim. Na falta dessa bênção, as estátuas equestres e todos os outros objetos de arte pertencem aos estados de ânimo vestigiais. O mesmo destino poderia aguardar o *Inferno* ou *Antônio e Cleópatra* se nossa mente apenas mudasse de tom. Há sinais de que alguns gostariam que fosse assim, posto que outros às vezes conseguem redirecionar a atenção para obras que, em algum ponto do curso da história, perderam o interesse.

A história da recepção nos informa que até mesmo Dante, Botticelli e Caravaggio, até Bach e Monteverdi, passaram por longos períodos de esquecimento até que a conversa mudasse e eles fossem ressuscitados. Alguns esperam que ela continue dizendo coisas novas a respeito deles, que o gigante continue vivendo em mudança em vez de morrer por falta dela. De fato, fora das universidades, esse grupo ainda pode ser grande, mantendo a certeza de que, embora deva mudar, a obra ainda pode, à medida que muda, dar prazer.

Uma consequência da canonicidade é que, quer o cânone seja formado por decreto teológico ou autoridade pedagógica ou mero acaso, cada um de seus membros só existe plenamente na companhia dos outros; um membro nutre ou qualifica outro, de modo que, além de se beneficiar das atenções do comentário que preservam a vida, cada qual prospera na proximidade de todos: em certo sentido, todos se tornam parte de um livro maior e todos vão mudando no processo. Assim, precisamos insistir com Schleiermacher em que os atos de interpretação levam em conta os todos, não as partes. Um livro dentro de um cânone é diferente do que seria fora desse cânone. Isso é obviamente verdadeiro no caso da Bíblia, as inter-relações entre as partes do que foi rastreado, inventado e explicado por séculos de comentaristas. Excluídos do cânone, os livros podem desaparecer completamente, como os evangelhos que não entraram. O Cântico dos cânticos podia ter desaparecido, pois quase foi eliminado da Bíblia hebreia, mas foi resgatado a tempo e, assim, salvo também para a Bíblia cristã, para ser fonte de grandes volumes de poesia e comentário subsequente. Ou, como disse um cometarista bíblico, se o Eclesiastes tivesse sido excluído da Bíblia hebreia, como podia perfeitamente ter sido, e então, depois de quase dois milênios de abandono, tivesse aparecido entre os Manuscritos do Mar Morto, seria um livro diferente, ainda que os dois textos fossem virtualmente idênticos. Ainda mais óbvio, o Antigo Testamento cristão não é o mesmo livro que a Bíblia judaica, embora o seja em substância, porque o comentário cristão o transformou, à luz do Novo Testamento, em um novo *covenant*, um novo acordo que garantisse uma drástica reescrita retrospectiva que não exigia nenhuma mudança textual.

Tudo isso reforça a proposição de que há um elemento de acaso na canonicidade, e muitos exemplos testemunham a verdade disso. Nós mesmos fazemos cânones ocupando-nos atentamente de textos e contextos, mas pode haver entre esses textos alguns dos quais preferimos não nos ocupar, e que lá permanecem por inércia. Outras obras podem ter alguma pretensão de ser tratadas como canônicas, mas não são. Muitos autores têm sido resgatados do abandono, mas deve haver muitos outros que não tiveram tanta sorte. Algumas peças de Sófocles foram salvas por um gramático alexandrino; Traherne, perdido durante quase três séculos, apareceu em uma livraria londrina e se beneficiou do renascimento do interesse pela poesia do início do século XVII, que estava ganhando força na época da descoberta. Não há conservante intrínseco, mas alguém em algum lugar deve ter pensado que aquelas eram coisas boas, e assim começou a história de seu sucesso. Essa pessoa não precisa ser um estudioso profissional e geralmente não é: a redescoberta de Botticelli foi levada a cabo por amadores persuasivos (e muitas vezes baseados em pinturas que não eram de Botticelli). Mas, uma vez recuperadas, as obras são mantidas vivas pela conversa, finalmente apoiadas por estudos formais sérios.

A recuperação de música esquecida, sem dúvida estimulada pelo disco compacto (CD), prossegue o tempo todo.

Tais ressurgimentos marcam mudanças na compreensão do público e mudanças complementares no desempenho. Outro dia, uma nova gravação da ópera *Rinaldo* de Händel atraiu-me o interesse. Na década de 1940, escrevi sobre essa ópera em uma tese nunca publicada acerca de Aaron Hill, poeta, administrador de teatro, projetor ou empresário em geral, amigo do romancista Richardson, amigo indesejado do poeta Pope. Hill foi responsável por induzir Händel a escrever essa que seria a primeira de suas muitas óperas inglesas. O próprio Hill esboçou o libreto, que foi apressadamente traduzido para o italiano por um homem chamado Rossi. Quando Händel trouxe da Itália uma grande quantidade de músicas nunca ouvidas em Londres e, portanto, reutilizáveis, os colaboradores conseguiram juntar tudo em pouco tempo. A encenação foi absurdamente elaborada e falível, com muito uso de maquinário, e o papel principal coube – um absurdo, na opinião de alguns contemporâneos – ao famoso *castrato* Nicolini. O resultado foi, ao que parece, ainda mais caótico do que as circunstâncias e a novidade do gênero podiam sugerir, mas a ópera foi um sucesso, apesar das observações sardônicas de Addison:

> Permite-se que uma ópera seja extravagantemente farta nas decorações, já que sua única intenção é gratificar os sentidos e manter uma Atenção indolente na Plateia. No entanto, o bom senso exige que não haja nada nas Cenas e Máquinas que pareça Infantil e Absurdo. (*Spectator*, 6 de março de 1711)

Addison não gostou dos pardais de verdade que habitavam as árvores de cartolina no palco e voavam pelo teatro apagando as velas, enquanto seu canto era absurdamente imitado por "um conjunto de flajolés". Na opinião de Addison e outras pessoas, não havia muito que dizer sobre a ópera italiana, com seus enredos maçantes, convenções ridículas, língua não inglesa e música não inglesa. Ultrajante para o bom senso, *Rinaldo* mesmo assim agradou. Mas desapareceu de nossos olhos e ouvidos durante séculos, sendo relembrada unicamente quando é citada como a fonte da ária *lascia ch'io pianga*. Há sessenta anos, era quase inconcebível que eu ou quem quer que fosse ouvisse e muito menos assistisse a essa ópera. Atualmente, com sorte, pode-se vê-la encenada e se pode escolher entre duas versões completas em CD. A cena em que os flajolés imitam o canto dos passarinhos é, apesar de Addison, particularmente admirada. Embora seja impossível lembrar a história, hoje ela é reconhecida por dar espaço a algumas músicas impressionantes e poderosamente agradáveis, de um tipo que nós, em detrimento nosso, desdenhamos durante séculos, música muito diferente da de Händel, que mereceu a atenção de nossos avós com as solenidades de *O Messias* e *Israel no Egito*.

Como explicar essa mudança? Temos uma familiaridade moderna com o Barroco; temos estudiosos que o compreendem e cantores e músicos capazes de apresentá-lo; podemos acomodar os gestos heroicos ou patéticos, os longos recitativos e as árias *da capo*. Nosso mapa da história da música tem sido redesenhado, descobrimos como escutar essa música, uma forma diferente de habilidade por ter ouvido Mozart, Verdi ou Wagner. A mudança é abastecida por noções mais generosas em nós mesmos; nada aconteceu com as óperas, salvo terem passado a ser compreendidas em seus próprios termos prazerosos. Elas já não são lixo, como o general. Tornamos essa música moderna por atos de entendimento histórico; nós a modernizamos e libertamos sua capacidade de agradar. Assim, o cânone se expande. Claro está, a retirada da atenção pode contraí-la do mesmo modo.

As mudanças no cânone obviamente refletem mudanças em nós e em nossa cultura. Isso é um registro de como nossa autocompreensão se forma e muda. No nível mais simples, sabemos das diferenças entre nossa própria compreensão dos textos antigos e a compreensão de nossos predecessores, ou até a de nossos contemporâneos em desacordo por causa de diferenças geracionais ou presunções políticas contrárias. Podemos atribuir nossa compreensão da questão geralmente ao nosso conhecimento superior; no entanto, justamente essa suposição torna provável que digamos que sentimos uma necessidade urgente de questionar se queremos nos livrar dos preconceitos historicamente incrustados, que são o principal suporte de nossa convicção de que somos historicamente privilegiados.

As questões desse tipo pareceram importantes, em primeiro lugar, na esfera da religião. Todos conhecem a máxima de Schleiermacher: "A tarefa é entender o texto tão bem quanto seu autor e, depois, melhor do que ele". Para alcançar esse entendimento, recomendava-se estudar "o campo da linguagem compartilhado pelo autor e pelo público original". O esforço exigido é filológico, e sua ambição, utópica; alunos posteriores viram a necessidade de incorporar na relação a própria situação histórica do inquiridor. Como coloca Gerald Bruns em seu excelente livro, o que agora nos cabe perguntar é "a questão do que acontece [...] quando tentamos dar sentido a alguma coisa".[1] Agora, o momento da interpretação está fixado no presente. A ênfase vai uma vez mais para o contexto histórico do intérprete, seus poderes e desejos e os de sua comunidade, e assim nos vemos na posição de Gadamer, que pôde dizer que "*verstehen* é menos saber o que o texto significa em si do que saber como nos posicionamos com referência a ele na situação em que nos encontramos".[2] Segue-se, como ele observa, que entendemos de maneira diferente, se é que entendemos; uma interpretação que meramente repetisse uma anterior seria falsa. E essa é outra maneira de mudar o cânone.

As pré-compreensões são uma questão importante. É claro que elas variam. Gadamer as chama de "preconceitos":

> [Uma] mente hermeneuticamente treinada tem de ser, desde o início, sensível à qualidade de novidade do texto. Mas esse tipo de sensibilidade não envolve "neutralidade" na matéria do objeto nem a extinção do ego do leitor, e sim a assimilação consciente de seus próprios pré-significados e preconceitos. O mais importante é ter consciência de nossas próprias inclinações e preferências, de

---

1 Bruns, *Hermeneutics Ancient and Modern*, p.8.
2 Como expressou Bruns, op. cit., p.10.

modo que o texto possa se apresentar em toda a sua novidade e, assim, seja capaz de asseverar sua própria verdade contra nossos pré-significados.³

Claro que não é fácil ter consciência de nossas inclinações e preferências, mas a recompensa prometida é grande: a novidade. Uma vez mais, o fato é que cabe a nós a tarefa de criar novidade. Nosso modo de fazê-lo pode ser descrito como "apropriativo", o que apenas significa que temos de fazer algo drástico com um texto canônico para torná-lo nosso, para torná-lo moderno.⁴ Isso deve ser feito para dar resposta aos nossos preconceitos, e eles se relacionam diretamente com os preconceitos de nossa comunidade, ainda que em reação a eles.

Não posso entrar nos interessantíssimos argumentos que se desenvolveram sobre esses pontos, como entre os schleiermachianos, que procuram habitar as línguas e comunidades originais e situam cada elemento independentemente e com precisão histórica, e aqueles que, como eu, assumem a visão de Brevard Childs, segundo a qual o cânone é, considerado de um tipo diferente de ponto de vista histórico, uma coisa única e não deve ser cindido definitivamente em componentes independentes, como desejam os schleirmachianos modernos.⁵

---

3 Gadamer, *Truth and Method*, p.238.
4 Bruns, op. cit., p.76, discute a visão de Brevard Childs, surgida a partir do Antigo Testamento, de que essa compreensão apropriativa é o meio pelo qual um texto é submetido a um processo de "atualização" para que não fique "ancorado no passado" (*Introduction to the Old Testament as Scripture*).
5 Fiz um relato da disputa entre Childs e James Barr, o principal advogado da visão histórica, em "The Argument about Canons", in: McConnell (org.),

Os preconceitos mudam, como todas as coisas, e não são mantidos de forma consistente em nenhum momento particular, sendo afetados de maneiras óbvias por diferentes níveis de suposição comunal e de adesão doutrinária. De fato, como todos sabemos perfeitamente, os membros da mesma instituição podem ter visões muito diferentes, têm preconceitos muito diferentes, e nenhum deles pode ser de muito interesse para o público em geral. Entrementes, os cânones são substituídos, condenados ou submetidos a novos comentários. Em qualquer caso, eles mudam.

Peço licença para agora me ocupar da fonte da mudança, que muito me interessa no presente. Uma coisa que está bastante clara na história da crítica literária é a existência de um consenso discernível quanto ao que vale a pena falar, seja favoravelmente ou não. Certos tópicos recebem clara definição: o modernismo, por exemplo, e o consenso geral em que certas obras a ele associadas merecem estudo intenso, seja aprovando-as, seja discordando delas. Atualmente, o modernismo está submerso no passado, e novos grupos de tópicos têm sobrevindo por consenso geral. A questão de como se dão essas mudanças é, sem dúvida, interessante, mas, em vez disso, vou falar de um elemento mais pessoal em nossas reações, reações a poemas individuais ou a partes de poemas que a pessoa pode possuir ou por eles ser possuída, provedores de prazer e desalento.

The Bible and the Narrative Tradition, p.78-96, onde também tentei examinar a relevância do argumento para a questão dos cânones seculares.

A maioria das pessoas que se ocupam da literatura tem tais poemas ou partes de poemas na cabeça. É difícil (posto que não totalmente impossível) acreditar que alguém queira passar uma vida de trabalho em departamentos de literatura na universidade sem ter tais reservas. Mas essa é uma questão de quão comunicável pode ser a experiência privada de tais obras. Acho que Matthew Arnold concebeu suas famosas pedras de toque com certa ideia de fazer dessa experiência privada um conjunto de normas literárias civilizadas para um público educado. Recordando a passagem em "The Study of Poetry" [O estudo da poesia], que as apresenta, não se pode deixar de ver como Arnold está longe de seu objetivo declarado: "Sempre ter em mente versos e expressões dos grandes mestres, e aplicá-los como uma pedra de toque em outra poesia". Podemos esperar encontrar em sua seleção o testemunho de um estágio passado de nossa cultura; tendo em mente o fato e a necessidade da mudança, dificilmente seria possível esperar que a passagem tivesse validade eterna. O que é notável e mesmo assim relevante é que tudo quanto Arnold precisava era de um verso aqui e outro ali, às vezes até mesmo só uma parte de um verso. Há o discurso de Zeus para os cavalos de Peleu na *Ilíada* XVII, e o de Aquiles para Príamo no livro XXIV. Há três trechinhos de Dante e Shakespeare sobre o grumete "no alto de um mastro vertiginoso", e alguns belos fragmentos de *Paraíso perdido*. "Se formos inteiramente penetrados por seu poder", diz Arnold, "descobriremos que adquirimos um sentido que nos permite, seja qual for a poesia colocada diante de nós, sentir o grau em que uma alta qualidade poética nela está presente ou ausente."⁶

Poderíamos concordar que os pedaços de poesia escolhidos são bons, sem afirmar que eles têm para nós o poder que evidentemente tinham para Arnold. E não é fácil entender esse poder. Mas o que parece uma tolice dizer sobre o verso de Ugolini *Io non piangeva; si dentro impietrai* (*Inferno* XXIII, p.49; "eu não chorei; transformei-me em pedra por dentro") – que talvez tenha servido de lembrete das palavras seguintes, *piangevi elli* –, as crianças choravam, sim, e lhe perguntavam qual era o problema, ao que ele continuou sem chorar e sem responder. E Arnold estava recordando, e esperava que todas as pessoas educadas recordassem com ele, o destino daquelas crianças e a dor do que se segue: *Lo pianto stesso il pianger non lascia*, em que "o pranto impediu o pranto", em que as lágrimas regressaram para atormentar os chorosos. Em suma, o fragmento pretende convocar um contexto de *páthos* e de dor cada vez maior e irremediável.

As palavras de Beatriz a Virgílio no *Inferno* II decerto são impressionantes: *la vostra miseria non mi tange* tem, de qualquer forma, isoladamente de seu contexto, uma espécie de radiante crueldade: sou de tal modo feita por Deus na Sua graça que "vossa miséria não me atinge". A miséria ou privação em questão não é especificamente de Virgílio ou de Dante, e sim do lugar ao qual Beatriz desce para auxiliá-los; no entanto, por si só, a observação parece contrastar a desgraça deles com a

---

6 Arnold, *Selected Essays*, p.57.

felicidade dela. Afinal, Dante tinha uma espécie de impiedade teológica; no portão do Inferno, ele inscreve a mensagem de que seu grande criador, o poder divino, *la somma Sapienza e il primo amore* ("o criador deste lugar de eterno sofrimento não só é sábio, como também amoroso"). Há um toque dessa indiferença quase divina na radiante imunidade de Beatriz. O contraste entre o contentamento paradisíaco e a miséria humana parece ter atraído Arnold.

Na verdade, a entrega ou pelo menos a aceitação do sofrimento parece ser uma característica das pedras de toque de Arnold. Os cavalos de Peleu choram a morte de Príamo, que outrora era capaz de alegria. O Satanás de Milton é desafiante, mas sofrido. A procura de Ceres pela filha "custa-lhe toda aquela dor". Essas passagens compartilham uma qualidade sombria ou estoica; Beatriz está presente porque sua isenção de dor enfatiza a situação terrível de todos os demais. É difícil enxergar como uma numerosa comunidade de leitores encontraria a mesma intensidade de interesse por essas passagens. Elas são essencialmente privadas. Todas têm a ver com tristeza; seu prazer emana de sua penosidade. Observou-se que todas as pedras de toque homéricas vêm da *Ilíada* e nem mesmo são particularmente características do poema como um todo, mas "as forças que se agitavam sob a superfície da vida de Arnold encontraram sua contraparte na batalha por Troia, as figuras atléticas e magníficas a avançarem rumo à morte.[7] Arnold gos-

---

7 Anderson, *Matthew Arnold and the Classical Tradition*, p.90.

tava mais do Homero da *Ilíada* do que do Homero da *Odisseia* com sua história mais variada e romântica e seu regresso final à casa. Esta não fornecia nenhuma pedra de toque.

Assim, parece que as passagens de pedra de toque, tendo, para Arnold, conotações peculiares de prazer e dor, não podem ter para sempre e para todos o forte significado cultural que ele reivindica para elas. Se uma cultura estiver envolvida, há de ser a da classe profissional vitoriana, talvez especialmente a dos homens educados em Rugby e Oxford.

T. S. Eliot, a abordagem mais próxima de Arnold que um século posterior poderia mostrar, e também ele deplorando a situação cultural contemporânea, tinha lá pedras de toque próprias, embora não lhes desse esse nome e não as recomendasse explicitamente para uso geral. Contudo, posto que elas fossem de várias maneiras extremamente pessoais, é provável que tenham tido mais sucesso nos círculos literários do que as de Arnold. Alguns motivos óbvios são elas carecerem da forte coloração ética de Arnold, serem muito mais inesperadas e, na época de sua primeira exposição, bem menos familiares. A influência de Eliot diminuiu nesse e em outros aspectos, em especial porque os modos de estudo agora em voga pouco se interessam pela experiência da poesia, que já não se considera que tenha muita relevância acadêmica ou cultural.

Entretanto, para o estudioso da poesia, as pedras de toque de Eliot são dignas de um momento de atenção. Uma fonte favorita é Dante uma vez mais, embora um Dante bem diferente. Concebemos Shakespeare como a fonte de tantas citações conhecidas que, às vezes, dificilmente nos lembramos de sua conexão com ele, e Dante tem algo dessa mesma familiaridade na Itália, se bem que as pessoas parecem mais conscientes do lugar dos versos famosos no poema como um todo. Por um acaso memorável, certa vez estive em Palermo, com Lionel e Diana Trilling, à mesa da ceia de Natal de um guia turístico siciliano, na companhia dos filhos e filhas de nosso anfitrião e os respectivos consortes, quase todos professores de escola. Convidados a celebrar Dante, Lionel e eu cavamos a memória e nos saímos principalmente com versos que tiveram o endosso magistral de Eliot: o episódio de Paolo e Francesca no *Inferno* V, com sua sensualidade extraordinariamente terna: *la boca me baciò tutto tremante*; o verso adaptado ou citado em *A terra desolada*: *ricorditi di me, che son la Pia;/ Siena mi fé, disfecemi Maremma*, ou *sovegna vos a temps de ma dolor*; o herói vencido, agora no Inferno, que disputou o tecido verde em Verona e perdeu, mas parecia que vencera. Ocorreram-nos outros mais: o alfaiate velho olhando para a agulha ao enfiar a linha, e o conselho do condenado Ulisses a seus homens pouco antes de sua última viagem: "Considerai vossa herança: não fostes feitos para viver como animais, e sim para buscar a virtude e o conhecimento" – casualmente, isso parece um tanto arnoldiano, como seu "na vontade dele está nossa paz". Enquanto espremíamos a memória, nossas balbuciações eram abafadas pelo coro à mesa. Pois aquele era um grupo de professores e, para eles, esses e presumivelmente muitos outros versos de Dante eram, sem que pensassem neles como tais, pedras de toque – não diretrizes éticas, embora alguns tivessem um tom ético ou religioso, e não deliberadamente memorizados, mas parte dos prazeres de seu hábito profissional.

Em meio à coleção de fragmentos, os que mais significavam para Eliot eram, *grosso modo*, as passagens que tratavam de sedução, ruína, danação e as dores do Purgatório. Para ele, essas também não eram simplesmente diretrizes éticas, embora suas conotações de pecado ousado e punição inevitável o entusiasmassem (como ele discutiu em seu ensaio sobre Baudelaire); parte da forte atração que Dante exercia sobre ele era, sem dúvida, certa impiedade teológica ou moral. O fato desse tormento eterno ser decretado pelo amor e a sabedoria, e de Beatriz ser lindamente imune à dor dos vivos, eram paradoxos que lhe davam um prazer macabro.

Eliot tem um interesse especial pelo que se poderia chamar de desânimo sexual, e seus versos prediletos de Dante geralmente portam essa marca. É útil lembrar o que ele disse acerca da rendição do leitor à poesia:

> Você realmente não critica nenhum autor ao qual não se rendeu. [...] Até mesmo o minuto desconcertante conta; você tem de se entregar e, depois, tem de se recuperar, e o terceiro momento é ter algo a dizer, antes de haver esquecido totalmente a entrega e a recuperação. É claro que o eu recuperado nunca é o mesmo que o eu antes de ter se entregado.[8]

---

8 Carta a Stephen Spender, 9 maio 1935, apud Spencer, "Remembering Eliot", in: Tate (org.), *T. S. Eliot: The Man and His Work*, p.55-6.

Eliot acreditava que essa rendição era importantíssima para a experiência da poesia. Todos se lembrarão dos versos de *A terra desolada*:

Amigo, o sangue no meu coração se agita
A tremenda ousadia de um momento de entrega
Que um século de prudência jamais revogará
Por isso, e por isso apenas, existimos. (402-5)[9]

E também podemos recordar estes versos de *The Revenger's Tragedy* [A tragédia do vingador], que Eliot tornou famoso e citou reiteradamente:

Acaso é a ti que o bicho-da-seda dedica
Sua dourada faina? Por ti depois se consome?
Vendem-se senhorios para manter as damas
Pelo pobre benefício de um minuto encantador? (III.v.72-4)[10]

Vindice está se dirigindo ao crânio de sua amante. Esses famosos versos só começaram a ficar famosos quando Eliot disse que assim devia ser. Eu reproduzi o texto de R. A. Foakes (Londres, 1966). Não há por que duvidar da correção da leitura "minuto encantador", mas Eliot preferia "desconcertante", que encontrou em uma edição de J. A. Symonds (1888). Embora incorreto, "desconcertante" introduz na figura sexual exatamente o elemento de perda e desalento do qual falamos.

---

9 Eliot, *Collected Poems, 1919-1962*, p.68.
10 Id., *The Revenger's Tragedy*, III.v.72-5, p.71.

Todo o discurso de Vindice é um tratado de consternação e uma espécie de repugnância ornamentada. Até o bicho-da-seda está desfeito, consumido. E a linguagem é totalmente notável: por exemplo, o estranho uso de "falsificar" e "refinar", que Eliot tinha em mente quando tornou a se referir à passagem em seu estudo de Massinger e falou naquela

> perpétua e leve alteração da linguagem, palavras perpetuamente justapostas em combinações novas e repentinas, significados perpetuamente *ingeschachtelt* em acepções que evidenciam um altíssimo desenvolvimento dos sentidos, um desenvolvimento da língua inglesa que nós talvez nunca tenhamos igualado [...] Sensação tornou-se palavra e palavra era sensação.[11]

Os versos demonstram uma íntima afinidade entre *jouissance* sexual e poética e, ao substituir, "encantador" por "desconcertante", nós temos uma mudança, uma atualização, da passagem para incluir uma noção mais sombria, mais decadente, da força da poesia. Aqui, o renascimento do interesse do fim do século XIX pelos dramaturgos jacobitas possibilitou não só novas inclusões canônicas, como também sua justaposição com gente como Baudelaire e os outros poetas franceses que conquistaram a fidelidade de Eliot. Em um ensaio posterior, ele decidiu que

> o cinismo, o ódio e a repugnância da humanidade, expressos consumadamente em *A tragédia do vingador*, são imaturos no sentido de que excedem o objeto. Seus equivalentes objetivos são personagens que simplesmente

---

11 Id., *Selected Essays*, p.209-10.

parecem espectros projetados pelo mundo interior de pesadelo do poeta, um horror além das palavras.[12]

Mas esse excesso foi decisivo para o êxito da peça. No ensaio, Eliot luta para justificar sua visão de que a imaturidade de Tourneur foi capaz de produzir uma peça insuperável, a não ser por Shakespeare e Marlowe, uma peça que expressa "uma visão intensa, única e horrível da vida [...] à qual homens e mulheres maduros podem responder" (p.189). E não deixa de ser interessante o fato de ele fazer uma alusão passageira a outra peça (inferior) atribuída a Tourneur, *The Atheist Tragedy* [A tragédia do ateu], destacando o verso "Dissipar a nossa substância em um minuto de prazer" (p.188) – sobre o mesmo tema da passagem do bicho-da-seda na peça mais famosa.

Essa associação da alta poesia ao prazer sexual, seu desalento concomitante e sua repugnância subsequente voltam a ocorrer em outros ensaios sobre os dramaturgos jacobitas. Massinger tem uma construção magistral, mas é anêmico. Carecendo de um "sistema nervoso" comparável com o de Middleton ou o de Tourneur ou o de Ford (p.211), ele inaugura um período de verso no qual a sensibilidade começa a se dissociar, "o período de Milton", caracterizado por "uma decadência dos sentidos" (p.210). Milton não se rendeu ao prazer e ao desalento com a força de Tourneur e Middleton. Os versos nos quais De Flores, em *The Changeling* [a criança trocada],

---

12 Ibid., p.189-90.

recusa a súplica de Beatrice-Joanna – "Podes chorar o Destino pelo seu determinado propósito? Então logo poderás chorar por mim" (III.iv.162-3) – são versos "dos quais Shakespeare e Sófocles poderiam se orgulhar",[13] mas pode ser que a sordidez da situação encenada tenha reforçado sua atratividade. Eliot considera a peça "uma tragédia eterna, tão permanente quanto *Édipo* ou *Antônio e Cleópatra*",[14] no entanto, trata-se da história de um sedutor feio dotado de uma linguagem de poder sexual absoluto. Decerto é interessante notar que, quando queria reforçar sua visão de Middleton como um grande poeta, Eliot escolhia a fala final de Beatrice-Joanna, que contém os lindíssimos versos "Eu sou aquela do teu sangue que de ti foi tirada/ Para o bem da tua saúde" (V.iii.150-1). Mas Eliot se equivocou ao citá-los: "Eu aquela sou do teu sangue", que é mais fraco e de fato indefensável, perdendo a ideia de sangradura e tornando absurdo seu pedido para que "joguem isso no chão com indiferença; que o esgoto comum o tire da distinção". Ele reduz a figura a uma mera declaração de relação de sangue. A citação errada, envolvendo uma perda de sentido, é uma indicação de que não era propriamente seu sentido pleno que o tornava tão sedutor. Eliot muitas vezes se equivocava ao citar os versos que admirava. Nessa mesma cena final, alterou surpreendentemente as palavras de De Flores "Eu amei essa mulher apesar do seu coração" para "Eu amei essa mulher apesar do *meu*

---

13 Ibid., p.164.
14 Ibid., p.163.

coração" (1.165). Assim, a peça que ele tanto admirava sofreu emendas inconscientes.

Claro está, meu objetivo é ilustrar o processo de rendição e incorporação que essas alterações sugerem. O texto muda à medida que o leitor muda. Não é exagerado dizer que as mudanças se relacionam com o potencial orgástico dos versos que induziram a rendição. Esses autores tinham de ter, foram feitos para ter, qualquer coisa da exemplar modernidade de Baudelaire, que disse que o prazer único e supremo do amor está na certeza de fazer mal. "Ele foi capaz pelo menos de entender que o ato sexual como o mal é mais digno, menos enfadonho, do que o automatismo natural, divertido, do mundo moderno."[15]

Assim, Eliot elevou Middleton e Tourneur à modernidade, um passo essencial rumo à sua preservação. As passagens que tiveram êxito em induzir a rendição são poucas e diferentes das outras que talvez pareçam ter o direito de inclusão nesse cânone pessoal. Eliot gostava de combinar sua admiração por Shakespeare com alguns julgamentos restritivos. Sem ser um técnico tão bom quanto Webster, falhava às vezes quando confrontado com Dante. Pode ser usado para falar mal de Milton ou Tennyson, mas, na expressão de Hemingway, não consegui ir muito longe com Dante. No ensaio sobre este de 1929, Eliot compara a figura, igualmente admirada por Arnold e Yeats, do alfaiate velho olhando para a agulha ao

---

15 Ibid., p.391.

enfiar a linha (*Inferno*, xv) com a reação de Otávio ao corpo morto de Cleópatra: "aparência tem ela de quem dorme,/ De quem fosse apresar outro Antônio na forte armadilha dos seus encantos" (V.ii.). Todos admitem o esplendor desconcertante dessas linhas, mas Eliot diz que a metáfora de Dante tenta fazer-nos "enxergar mais definidamente", ao passo que Shakespeare tem um contorno menos definido, mas acrescenta ao que vemos um lembrete do fascínio transformador de Cleópatra. Eu diria que ele perde alguma coisa quando alega que Dante observa a "necessidade racional" e Shakespeare não. Quem ouvir todo o discurso de Otávio vê que ele começa com algumas observações bastante clínicas: o cadáver de Cleópatra carece de "inchaço externo" que signifique envenenamento, e os famosos versos, quando citados isoladamente, perdem o brilhante momento de surpresa em que a busca diagnóstica de sintomas dá subitamente lugar à glória. Portanto, é só de forma um tanto cautelosa que Eliot se rende. Mas retoma a fala de Otávio no ensaio sobre Messinger e, uma vez mais, nas Palestras de Clark, dessa vez contrastando-a com os versos de Dante sobre Brunetto Latini ("mais parecia ser um dos que ganham, não como ele que perde"); e aqui, uma vez mais, os versos de Shakespeare, ainda que apresentem "uma imagem absolutamente tramada no tecido do pensamento", carecem da "necessidade *racional*" dos de Dante.[16]

---

[16] Id., *The Varieties of Metaphysical Poetry*, p.123. Um paralelo melhor pode ser a virada no final da "Actium Ode" de Horácio (*nunc est bibendum* ...), na

Eliot sempre quis que Dante vencesse, mas é óbvio que essas duas passagens estão profundamente mergulhadas em sua imaginação, e convém observar que ambas têm a ver com punição e dor. Tanto Brunetto quanto Cleópatra são pecadores e fracassados em grande escala, contudo ambos têm ar vitorioso. Podemos recordar aquele outro momento deslumbrante na peça de Shakespeare, em que Cleópatra, uma vez mais por um momento "essa grandiosa fada" e o "dia do mundo", saúda Antônio: "Rei dos reis! Ó heroísmo sem limites, sorridente escapaste da/ Gigantesca cilada do mundo?" (IV.viii.17-9) – versos aos quais a maior parte de nós se rende, como Auden admite a contragosto quando os chama de "maravilhosos", embora reconhecendo que a maravilha provém do esplendor de exultação à sombra de certa derrota e perda.

O moralizante Auden diz que "a forte armadilha dos encantos" de Cleópatra é o próprio mundo, e "de um modo ou de outro ela nos apresa a todos", mesmo que a armadilha sejam os encantos.[17] Auden introduz a religião; Eliot, a história. Eles se renderam, recuperaram-se e estão tentando pensar em alguma coisa a dizer. Coleridge descobriu a expressão "valentia feliz" para esses grandes momentos, mas não explicou melhor do que nenhum outro a rede de reações que convidava a submissão, a recuperação e o comentário. Muitas vezes, o que acha-

---

qual Cleópatra, cuja derrota é ocasião para a ode triunfal, morre *voltu sereno*, "serena de feições".

17 Auden, *Lectures on Shakespeare*, p.238-42.

mos para dizer não passa de uma expressão de assombro de pouca utilidade, a não ser que induza uma submissão equivalente em nossos ouvidos; por mais tediosos que sejam, eles podem fazer isso, tornar-se parte da conversa que impede tais versos de virarem lixo no fim.

Venho dando voltas em torno aos meus temas: prazer, mudança e cânone. Não surpreende que as passagens que discuti muitas vezes tenham um elemento de perversidade; elas precisam administrar o choque, saltam fora de seu contexto, tumultuam-no e causam uma espécie de deleite mesclado com desalento. Muitas vezes, talvez quase sempre, desafiam a necessidade racional, ainda que só no sentido mais óbvio; Cleópatra é enormemente sedutora, mas, ao ilustrar esse fato pela última vez, não havia necessidade racional da repentina glória de Otávio.

Pode ser, como acreditava Eliot, que seja um pré-requisito da boa poesia ter, pelo menos ocasionalmente, uma qualidade quase prosaica, desprovida de convites à entrega emocional, sem pretender alcançar uma epifania atrás da outra. Deve haver o *plaisir* que depende de continuidades – poéticas e sociais –, mas é apenas a partir dessa base que a *jouissance* se torna possível. Otávio César, uma figura prosaica, examina o cadáver e então faz o grande convite à rendição, com prazer e desalento. Afinal, trata-se de um padrão de experiência comum na vida cotidiana, interrompido nos momentos que se distinguem do curso habitual das coisas e que ocupam um espaço intemporal em nossa mente, um cânone de memórias agradáveis e desanimadoras. Eles coexistem com as necessidades racionais, mas delas se distinguem claramente, assim como os grandes poemas se distinguem da prosa que os cerca. O importante pode ser, conforme as predileções de cada um de nós, uma coisinha à toa, um verso ou dois. Algo comparável com aquele pedacinho de muro amarelo na *Vista de Delft* de Vermeer, que levou Bergotte de Proust à rendição final e completa. No entanto, havia toda uma pintura, uma vista sóbria, contendo o pedaço de muro, e o quadro tinha de ser feito de modo que o conhecimento informado daqueles que a contemplassem o achassem bonito. Proust já era um jovem adulto quando as pessoas começaram, depois de mais de dois séculos de abandono, a olhar seriamente para as pinturas de Vermeer. Elas começaram a dar prazer e, para Bergotte, algo como *jouissance* (na verdade, pode-se dizer que ele morre de prazer), mas, antes disso, a opinião informada teve de mudar o cânone da pintura. Assim com Hopkins e outros; os indivíduos que compartilham certos poderes com os demais mudam o cânone para estar à altura de sua modernidade. Portanto, um cânone muda, e as mudanças renovam o suprimento tanto de prazer quanto de seu potente derivativo, o desalento.

Comentários

A passagem do cânone

Geoffrey Hartman

Sou suficientemente próximo da geração de Frank Kermode para compartilhar tanto seu entusiasmo inicial quanto seu descontentamento posterior. O entusiasmo vinha não só de estar em íntimo contato com o grande influxo da arte modernista, uma cornucópia inesgotável durante a primeira metade do século XX, como também da consciência de uma gradual revolução no estudo da literatura que se iniciou na Inglaterra bem antes da Segunda Guerra Mundial. Abriram-se as portas da percepção literária, até mesmo nas universidades, e uma herança, um "capital cultural", como hoje se diz, começou a ser mais plenamente desembolsado.

Não obstante, as obras de arte continuaram sendo encaradas como produtos heroicos. Embora não estivessem acima da batalha diária, eram sobrevivências de um intelecto incansável em um mundo cuja frustrada busca da paz muitas vezes se apoiava em uma visão da força do pensamento imaginativo. As artes literárias fortificariam e, ao mesmo tempo, refinariam a imaginação e seriam mais do que um bem pessoal, uma compensação vicária para a dor e a injustiça. A arte mantinha viva a fé em que havia um espaço, em algum lugar do mundo e talvez em todos os países, tão verde quanto o "pensamento verde em uma verde sombra" de Marvell e o "E acaso estes pés em tempos remotos/ Percorreram o verde das montanhas inglesas?" de Blake.

Matthew Arnold com certeza participava dessa visão da arte e, assim era Leavis, apesar de sua atitude teimosa, antiglobal. A mescla peculiar de localismo e evangelismo deste, bem como a qualidade de pedra de toque de seu procedimento, ajudaram a fomentar uma nova "época de concentração" no estudo da literatura. Antielitista de espírito, como o *Fors Clavigera* de Ruskin, que incentivou os operários a descobrirem os tesouros vernaculares da Inglaterra, esse movimento de renovação acrescentou a literatura aos dois livros de Deus "expandidos" para a compreensão de todos em uma complementação da revolução protestante.

O que distinguia Leavis tanto de Ruskin quanto de Arnold era sua convicção de que o estudo universitário do inglês tinha capacidade de conter os efeitos culturais dominantes da mudança industrial e tecnológica. Ele enxergava além do que era moribundo na academia para promover – e admito que algo em mim ainda reage ao seu chamado – "a universidade como um foco de consciência e responsabilidade humana" e "um garante do exercício real da função crítica — a função crítica que é criativa".¹

Mesmo que o habitual acesso de raiva de Leavis dos significantes morais não consiga inteiramente criar aquele discurso crítico funcional, este parece estar a um mundo de distância da chamada Universidade em Ruínas que hoje deprime muita gente. Leavis continua sendo, retrospectivamente, um astuto diagnosticador que antecipa a dificuldade e o desencanto que enfrentamos meio século depois. "O avanço da ciência e da tecnologia", escreve ele,

> significa um futuro humano de mudanças tão rápidas e de tais tipos, de testes e desafios tão sem precedentes, de decisões e possíveis não decisões tão momentosas e insidiosas em suas consequências, que a humanidade — isso certamente é claro — precisará estar em plena posse inteligente de sua plena humanidade.²

Pretendo sugerir, passando para uma questão de dicção, que a linguagem muitas vezes decepciona o pensador moral, mesmo o mais preocupado com a linguagem. A persuasividade de Leavis se deve a que aqueles que o leem estão impregnados da literatura que ele defende ou ataca: sem um corpo de palavras memorável e ardentemente memorizado, sem um cânone desse tipo, nossas próprias palavras seguem sendo contadores abstratos, um zumbido tônico. Tem de haver, apropriando-me do título de um dos livros de Kermode, um "apetite pela poesia"

---

1 Cf. especialmente seu ensaio "Ludittes? Or Ther Is Only One Culture", in: Leavis, *Lectures in America*, p.23.
2 Ibid., p.22.

que, como o maná do céu, satisfaça sem saciar, como afirmavam os pais da Igreja.

No próprio criticismo criativo de Kermode, o velho é renovado por novas formas de atenção. Consideremos seu interesse pela relevância literária de uma hermenêutica religiosa em evolução, ou suas Palestras sobre Eliot acerca de "O clássico", que evocam a ligação entre a modernização e o renascimento do aprendizado que remonta à Grécia, a Roma e até mesmo à Cabala.[3] A impressão pelos editores humanistas de textos antigos cuidadosamente examinados inspirou, em vez de impedir, os vernáculos literários nacionais emergentes e ajudou a estimular o Renascimento. Fez parte daquilo que hoje chamaríamos de revolução conservadora.

Do mesmo modo, o modernismo não era rejeicionista, e sim transformativo. Procurava desfamiliarizar, "renovar" (por mais que Kermode ironize adequadamente a perpétua substituição do novo pelo novo). Sua própria revolução conservadora manteve algo que deveras é um prazer: o reconhecimento de uma continuidade possibilitado por um cânone muito menos monumental do que seus detratores costumam afirmar. "A ideia de prazer", diz Kermode sem rodeios, "pode ser positivamente associada a uma canonicidade cambiante." Nesse sentido, o prazer pode até ser ensinado, pois se baseia não na ignorância, mas no aprendizado.

---

3 Kermode, *The Genesis of Secrecy: On Interpretation of Narrative* e *The Classic: Literary Images of Permanence and Change*.

A mudança, como veremos, ou a mudança do tipo não traumático, é essencial para o argumento de Kermode que reconhece o fim de um tipo mais antigo de estudo literário, embora se recuse a encarar essa perda como justa ou inevitável. Contra a acusação de esteticismo, por exemplo, ou de perseguir o fogo-fátuo da literariedade isoladamente do processo social, ele mostra que as mudanças no cânone provêm de duas fontes: da necessidade de renovar a percepção, de se livrar dos clichês entorpecedores na política e na arte, que levou os escritores criativos, bem como os formalistas como Mukařovský, a associarem a função estética à transgressão (especialmente dos chamados valores burgueses), e então da própria ação do tempo, de sua combinação subversiva e desconcertante de acaso com a mutabilidade que torna a reinterpretação uma necessidade.

Kermode se enxerga, com certa tristeza, como parte de um "remanescente". Está preso à sensação de um fim. Ao mesmo tempo, não é possível identificá-lo com esta ou aquela escola, e ele cita William Empson sobre a importância de não deixar que o crítico se distraia com nenhum tipo de teoria, por mais atraente que seja em termos morais. Posto que a teoria seja necessária para expandir a mente, "por mais firme que seja sua crença nela [...], você continua precisando ver se seus sentimentos podem ser levados a aceitar os resultados" no caso particular.[4]

Reflexões empsonianas como essas valorizam muito a reação individual e têm menos medo da excentricidade do que

---

4 Id., *An Appetite for Poetry*, p.45.

da conformidade. Elas obtêm sua probidade e força por ser associadas, soldadas até, a uma noção de leitura atenta ou "criticismo prático" – "prático" no sentido que a sondagem de I. A. Richards de 1929 pôs em circulação.[5] Richards investigou metodicamente a incapacidade dos estudantes universitários (e até de alguns docentes) de interpretar passagens literárias não identificadas – isto é, para interpretá-las diretamente, sem o apoio de lugares-comuns histórico-literários. Sua inclinação educadora mostrou-se essencial tanto para o inglês de Cambridge quanto para a Neocrítica, já que influenciou os estudos literários dos anos 1930 até o final dos anos 1960.[6]

Uma mudança que afetou a crítica desde o tempo de Richards, Leavis, Empson e Eliot é um exame mais minucioso da língua em que a obra literária é analisada. Houve uma proliferação notável de termos técnicos. A distância entre a "retórica da crítica", para citar o subtítulo da primeira coletânea de ensaios de Paul De Man, *Blindness and Insight* [Cegueira e

---

5 Richards, *Practical Criticism: A Study of Literary Judgement*.

6 A proximidade da preocupação moral em Richards e Leavis *vis-à-vis* as mudanças provocadas pelo impacto da ciência e da tecnologia em seus ambientes e a relativa lentidão com que sentiam que a educação contemporânea estava reagindo podem ser medidas por afirmações como esta de *Poetry and Science* [Poesia e ciência], de Richards (1935). A poesia nos decepciona, escreve ele, se um leitor experiente não mudar depois de lê-la, se essa poesia não trouxer "uma alteração permanente em nossas possibilidades como indivíduos responsivos em bom ou mau ajustamento a uma confluência quase irresistível de estímulos". De sua reedição do livro com o título *Poetries and Sciences* [Poesias e ciências], p.47.

insight] (1971), e a retórica da literatura da qual ela se ocupa aponta para o fato de que, além do desejo de introduzir o estudo literário nas ciências humanas e de resgatar a apreciação literária de um impressionismo ou subjetivismo crônicos, agora nenhuma metalinguagem escapará à suspeita. Uma reação contrária acusa esses perpetradores linguísticos, semióticos e desconstrucionistas de, justamente, um crime contra a linguagem comum, e deplora seu impacto desumanizador ou ofuscante na educação literária.

Não tenho intenção de entrar *nesse* debate. Mas caberia perguntar: que força de convicção geral, além de uma *promesse de bonheur*, uma recompensa por uma compreensão mais complexa da tradição ou aculturação, tem o critério de "prazer", revivido por Kermode? A questão tem a ver com a retórica da crítica, bem como com a própria obra de arte. Há evidentemente mais trabalho do que prazer na leitura de uma crítica literária altamente especializada e repleta de termos técnicos emprestados ou expandidos. "Ela tem de dar Prazer", insiste Kermode em suas "Notas para uma crítica suprema". *Prazer* é uma palavra estranha para ter uma ênfase tão forte: ela certamente está do lado da "*solas*" chauceriana, não no da "*sentença*". Acaso pode realmente se tornar tão sentenciosa quanto Kermode deseja que seja?

Tudo depende de como tal preceito, que tem base tanto na teoria quanto na experiência – se é que a poética constitui uma teoria –, funcionará na prática. Nossa definição mais antiga de arte poética sustenta que o *utile* (ou *docere*) e o *dulce* (ou *delectare*) devem ser igualmente misturados. "*Sweetness and Light*" [Doçura e luz] é a versão estendida de Arnold. Uma complicação é que as palavras, quando conscientes da vaidade de seu mimetismo, como em Wallace Stevens, se transformam em "instrumentos abismais" que "fazem barulho de caroço" (nem mesmo som "de flauta") com os "abrangentes significados" que impomos. Quanta coisa pode se basear na canhonada de Stevens, que tão genialmente esvazia a bravata de um poeta e a nossa como supostos criadores?[7]

A palavra *prazer* é problemática – sinto-me tentado a dizer "abismal" – por vários motivos. Em primeiro lugar, por sua palidez onomatopeica; a seguir, por sua incapacidade de levar consigo o nimbo de suas associações históricas; por último, como finalmente argumentarei, porque ela resvala para o abismo. Ainda que a elaboração literária tenha aumentado o vocabulário do sentimento e do afeto, *prazer*, como um termo crítico, permanece descritivamente pobre quando assim

---

7 Por certo, a figura do poeta, tal como a destila Stevens, é muito atraente. O poeta é retratado lutando contra uma violência de fora com uma violência de dentro. No entanto, a violência em questão assume a forma de uma "guerra" entre a mente e o céu, entre as palavras miméticas e a pura maravilha do mundo natural que as palavras procuram traduzir sem pseudorrealismo ou sobrenaturalismo. O poeta de Stevens faz um pastiche da lua em cadências virgilianas – ou *cadenzas* – especialmente pastorais e geórgicas, a compor incansavelmente prelúdios heroicos e variações domésticas, "programas mesquinhos, os sons que grudam, a modular inevitavelmente, no sangue". Ele vive em um lugar que não é o seu, em um universo cujos dias blasonados o lembram da falta de lugar do homem mesmo quando produz uma "vicissitude grata" acionando o perpétuo motor de seu verso.

tematizado. Algumas tribos, dizem os antropólogos, têm tantos descritores para certos fenômenos naturais, mas para nós o campo conotativo e semântico do prazer não é grande. O próprio Kermode nota que abordamos algo mais forte e mais explicitamente físico na celebração de Wordsworth do "grande princípio elementar do prazer" e, no pensamento contemporâneo, seu sinônimo sexual *jouissance*.

No entanto, qualquer sexualização do prazer corre um duplo perigo. O primeiro é o perigo de dar a impressão de que o prazer ligado à arte é o subproduto de uma repressão, de uma repressão bem-sucedida, como supunha Freud, mas mesmo assim um derivado sublimado ou cerebral e, portanto, tudo, menos "desinteressado". O segundo, que Kermode apresenta via *O prazer do texto* de Roland Barthes, é que a forma intensa e geralmente transgressiva de prazer sugerida pela *jouissance* compromete, como o lado mais destrutivo do que construtivo de eros, todos os construtos de identidade.

Embora esteja claro que essa emoção maior de *jouissance* se assemelha ao efeito "sublime" que emana, segundo Edmund Burke e Kant, de objetos de reflexão que ameaçam a reflexão, o prazer literário pode realmente ser separado do meramente agradável, uma vez que migra da arte para o "discurso do amador" de Blackmur ou mesmo a conversão virtuosa da semiótica de Barthes em um "discurso de amante"? O rigor dos formalistas, sua concentração na estrutura de uma obra com a exclusão das outras características, surgiu em grande parte porque o discurso literário se tornou amadorístico – isto é, demasiado agradável. *Plaîre* já havia sido um imperativo no *éthos* conversacional tão importante para a sociedade francesa do século XVIII, à medida que desenvolvia salões parademocráticos que também promoviam o status das mulheres. Com frequência, pois, um significado sedutor e lisonjeiro subsiste como um tom subentendido. "A Feira comanda a Canção", de Cowper, é uma variação galante, sugerindo sujeição em vez de liberdade, em agradar ao outro em vez de a si mesmo. Até Kant, caracterizando (como Shaftesbury) o belo como a fonte de um "prazer desinteressado", tem dificuldade para encontrar uma palavra adequada. A que ele escolhe, *Wohlgefallen*, carrega um traço involuntário de "aconteceu", de um encontro acompanhado de expectativas esperançosas, como em Spenser "arriscou" ou "teve sorte", que pode introduzir, é claro, um incidente enganoso. Borges, com um toque astuto e ameaçador, descreveu a "realidade estética" como "a iminência de uma revelação ainda não produzida".

Nenhuma dessas definições capta completamente o deleite característico provocado pela arte, inclusive a arte da leitura. O lamento de Kermode pelos criadores de críticas não é só porque eles lhe proporcionam pouquíssimo deleite, como também porque ele não consegue sentir o deleite *deles*. Onde está o contágio inspirador, "a ascensão, a ressonância, a canção da criação" de Hopkins? Ele não desapareceu; prevalece em outras áreas, como nas artes performáticas e acima de tudo na resposta à música popular tão próxima da *jouissance*; na verdade, "as artes" agora ocupam toda uma seção à parte do *New York Times*. Mas, em uma "sociedade do espetáculo", nossa própria disciplina de leitura atenta, cuidadosa, mas imaginativa, não pode encontrar um papel performático a não ser por meio desta ou daquela tese ultrajante, e assim permanece, fora da sala de aula, confinada em uma recepção escassa.

Se assim for, os prazeres proporcionados pela literatura ou por seu estudo precisam encontrar uma nova especificidade. Eu respeito o desafio que Kermode assume em sua preocupação com os cânones: o fato de o destino da leitura estar cada vez mais ligado ao destino da vida. Pois, à medida que a tarefa exegética e crítica se torna mais especializada; e o público, como previu Wordsworth, mais dependente da estimulação direta, óptica ou sensorial, quem senão um remanescente inglório apreciará o fardo do crítico? Até mesmo o prazer de ser justo é mais difícil de se obter. A reclamação é, simplesmente, que a necessidade de instrumentalizar a literatura, de transformar os "caroços" de Stevens em "trompetes à popa", distorce nosso foco mais do que nunca, exige que a mácula do *otium* seja removida do que fazemos. Procuramos, pois, aplicar termos de outras disciplinas que se proclamam mais próximos da realidade social ou, seja lá como for, indispensáveis.

A indagação básica que se impõe é por que a mudança no estudo da literatura, registrada e deplorada por Kermode, é anticanônica, ou seja, não se trata de uma mudança na qual uma renovação do espírito crítico poderia se basear. Se a objeção for a um texto ruim, essa dificilmente será uma especialidade dos críticos posteriores a 1960: comentários e julgamentos tolos se encontram em qualquer período. Seria facílimo formar um *sottisier*, uma coleção de disparates, da crítica de Wordsworth, por exemplo, de 1800 a — ora, escolha você o *terminus ad quem*. Como o estudo literário vem se expandindo aos trancos e barrancos e sob a exigência de publicar ou perecer, não admira que abundem os clichês e o jargão técnico. Isso não quer dizer que o declínio da prosa agradável ou, geralmente, de um tom coloquial na crítica não tenha seus motivos. Nem que não se possa justificar um redirecionamento do objeto de atenção crítica.

O *epur si muove* de Kermode libera a canonicidade mostrando, como Eliot, um princípio dinâmico de renovação literária em ação e, assim, remove um preconceito antiortodoxo. Mas deixa a infeliz impressão de que a mudança que realmente ocorreu, e que a adequada alusão de Kermode às memórias do além-túmulo de Chateaubriand descreve como uma descontinuidade traumática, baseia-se em uma mera, embora dolorosa, percepção equivocada. Não posso mapear minha própria compreensão dessa mudança no tempo que resta. Então, vou terminar com um pensamento assertivo e abreviadíssimo.

Et in Arcadia ego. O significado pós-panofskiano dessa frase prevaleceu. "Eu, a Morte, também estava em Arcádia." Quando sugiro que uma ênfase no prazer, por mais sofisticada que seja, por mais consciente que seja (como é Kermode) da vacilação de alegria e abatimento, de deleite e desalento – de que essa ênfase resvala para o abismo, não pretendo negar um princípio de esperança utópica ligado ao "pensamento verde em uma verde sombra" da arte, mas desejo que essa ênfase reconheça uma mudança da morte de Arcádia para Arcádia como morte.

É uma política hedonista, um "Aniquilando tudo quanto é feito" utópico-pastoril, que levou Lionel Trilling a supor, em seu ensaio de 1963 sobre "O destino do prazer", que "o antigo vínculo entre literatura e política se havia dissolvido".[8] Eu desconfio que a crítica literária sobre a qual Kernode tem dúvidas tentou – talvez sem sucesso – estabelecer uma nova conexão. Trilling foi perturbado não apenas por um niilismo redentor que sempre existiu na forma de uma antecipação religiosa ou mesmo de um apressamento do fim (aquele mesmo "senso de final" que Kermode explorou, por suas ressonâncias ficcionais, em seu famoso livro com esse título),[9] mas também por algo menos consciente e obstinado: o niilismo eudemônico de uma política liberal progressista.

Subestimando a permanência das paixões, inclusive a mania religiosa, o pensamento progressista se empenha em transformar as Fúrias em Eumênides e em domar o brilho visionário até que se desvaneça na luz do dia comum. Walter Benjamin teve uma visão paralela a respeito desse niilismo superliberal quando definiu uma impossível escolha centrada na relação inversa entre modernidade e tradição:

---

8 Retirado de Trilling (org.), *Beyond Culture: Essays on Literature and Learning*.
9 Kermode (org.), *The Sense of an Ending: Studies in the Theory of Fiction*.

O caráter destrutivo está na linha de frente dos tradicionalistas. Alguns passam as coisas para a posteridade, tornando-as intocáveis e, assim, conservando-as; outros passam situações tornando-as praticáveis e, assim, liquidando-as. Os últimos são chamados de destrutivos.[10]

Diante do pano de fundo do debate do século XVIII sobre o luxo e a ascensão da burguesia, e da alegação, em particular, de que "a dignidade do homem se encontrava no princípio do prazer", Trilling estabelece, categoricamente, uma força anticonsumista autodenominada espiritual e muitas vezes com total desprezo pelo prazer, na verdade, pela sociedade mundana como tal. Essa espiritualidade militante cria, no período moderno, não apenas um eu oposto, mas também anti-heróis que minam todos os valores sociais que outrora inspiravam a ação política meliorativa.

O que poderia estar mais distante do "desfrutar do prazer com liberdade" de Spenser ou Keats do que o Homem do Submundo de Dostoiévski? "Conhecer, sentir, viver e mover-se sob o comando do princípio do prazer – isso, para o Homem do Submundo", escreve Trilling, "longe de constituir sua dignidade nativa e nua, constitui sua humilhação na servidão."

Trilling não encara semelhante desvalorização do prazer como "um mero fato de determinado momento da cultura". *Além do princípio do prazer* de Freud mostra que se trata de um fato permanente da vida psíquica. Mas Trilling repreende a

---

10 Benjamin, *Reflections: Essays, Aphorisms, Autobiographical Writings*, p.301-3.

cegueira dos pensadores contemporâneos que não conseguem ver que o desprazer também exige ser satisfeito – por uma "gratificação [...] fora do alcance do progressismo democrático".

O "experimento" da arte moderna "na transcendência negativa do humano" (palavras de Trilling) já não é um experimento, hoje em dia. O que há de reparar a fissura entre uma política moral e o brutalismo de grande parte da arte contemporânea – bem como das realidades da vida cotidiana – quando o terror ataca e as cicatrizes do espírito ficam claramente visíveis? Em "Resolução e independência", o ascetismo de Wordsworth, seu enredo minimalista e a desopulência de dicção (sensivelmente observado por Kermode) logram desenhar uma imagem da vida, não da morte, de um velho solitário a colher sanguessugas em um charco, "desnuda aos olhos do céu". Mas essas qualidades de Wordsworth também nos lembram algo fantasmagórico e elementar ligado à pobreza e ao desprazer. Como se ele fosse uma aparição, o coletor de sanguessugas se depara com o poeta "desprevenido", absorvido por "medos e fantasias", uma "tristeza obscura" e "pensamentos cegos" e sem nome. Se esses são pensamentos sobre a cegueira, sobre o desejo de ficar cego para o mundo, não apenas obscuros sentimentos íntimos, se forem reprimidas e tentadoras fantasias apocalípticas no próprio poeta cujo programa é humanizar a imaginação, ligar mais firmemente a imaginação a "este bom universo", neste caso, o niilismo aqui entra no próprio âmago da benevolência e de sua busca visionária. Essa representação do coletor de sanguessugas interpreta a força da espiritualidade do homem, o que Wordsworth chama, usando as palavras mais claras, uma "orientação do alto". O velho, com seu aspecto pétreo, é uma figura simples, realista, tão desnudada quanto uma charneca desolada; nele não há nada de sobrenatural. Ele é o contrário de um guia transcendente. Mesmo assim, é uma imagem de fronteira que tenta o poeta a enxergá-lo como uma imagem fantasmagórica, um visitante admonitório e espectral. Um sentimento misterioso, incitado pela ideia de uma fonte de vitalidade oculta e sobrenatural, corre o risco de assumir o controle.

Wordsworth sempre observa escrupulosamente o que desperta e às vezes confunde sua imaginação. A impotência desse fígado sombrio, que mal parece vivo, deve se tornar uma fonte de poder para o poeta, um tipo peculiar de inspiração.[11] A simpatia social não precisa ser descartada como uma causa desse carregado instante. Mas outro impulso – de modo algum contrário – é o espírito competitivo da poesia com a divindade por meio da recusa de Wordsworth a renunciar à intensidade da percepção secular.

O poema, atrevo-me a concluir, é sobre uma reversão da impotência à potência de espírito, em vez de uma alternância entre desalento e alegria que, naturalmente, pode acompanhar essa reversão. (No prelúdio, ao descrever sua reação ao tumulto da Revolução Francesa, inclusive ao Terror,

---

11 Kermode menciona o dilema de Wordsworth quando escreve: "A constância da história do velho [...] é uma questão bem diferente da ação agitada do espírito poético, e o contraste insinua a dor da forma mais secular de escolha".

Wordsworth admite "ousadas simpatias pelo Poder".) Falta de poder/poder, não o complexo prazer/desprazer, é o problemático assunto, como também o é em filósofos morais contemporâneos como Emmanuel Levinas e Maurice Blanchot. A meditação de Kermode sobre a perda, sobre a passagem por sua vida da ideia de um cânone literário que agradasse a muitas gerações, mas estivesse aberto "à mudança" – em suma, um cânone que empoderasse em vez de se impor –, segue paralelo à sua incompreensão de "Resolução e independência". No entanto, ela contorna o impasse político que atualmente torna a crítica literária, não só a literatura, um perturbado espelho de nossa cultura.

Tem de ser abstrato

John Guillory

Em primeiro lugar, eu gostaria de agradecer ao Comitê Tanner por ter me convidado a dar uma resposta às palestras do professor Kermode, e ao próprio professor Kermode por me haver provocado, com seus comentários sutis, a pensar uma vez mais – ainda uma vez mais – no cânone literário, embora se trate de um assunto "tedioso e maltratado", como ele mesmo observa na primeira palestra. Tem sido especialmente desafiador formular minhas respostas a essas palestras, não só porque eu compartilho uma área bastante grande de concordância com o professor Kermode em assuntos que consideramos importantíssimos, mas também porque suas palestras pertencem a um corpo de obra que, creio eu, continuará a ser de grande interesse para os estudiosos do futuro, quando tantas críticas, do passado e do presente, são inegável e merecidamente perecíveis.

Comecemos, pois, mencionando de forma breve a área em que concordo com o professor Kermode, antes de sugerir algumas maneiras como eu me distanciaria dos termos de sua análise. Concordo que hoje a crítica literária é uma disciplina curiosamente problemática, e que parte de seus problemas estão diretamente relacionados com a ambivalência que os críticos literários acadêmicos parecem manifestar a propósito do objeto de sua disciplina. Essa ambivalência assume em geral duas formas: em primeiro lugar, a relutância em considerar as obras de literatura como o objeto necessário ou constitutivo de crítica literária e, em segundo lugar, uma aversão ainda mais forte a um modo de falar em literatura que reconhece o prazer da obra literária como sua principal razão de ser e, correlativamente, que a comunicação desse prazer aos leitores da crítica é pelo menos um dos propósitos da crítica. Em minha opinião, e creio que também na do professor Kermode, há qualquer coisa sintomática de disfunção no disseminado constrangimento com a questão do prazer, bem como a facilidade com que o prazer foi neutralizado como o efeito contingente da recepção – sujeito, em outras palavras, ao efeito irremediavelmente relativizante da mudança histórica.

Contudo, não deixa de ser um alívio o professor Kermode nos dar, não o exercício usual da retórica revanchista, e sim uma reflexão comedida e impressionante acerca do destino do prazer na obra literária pela perspectiva de sua longa carreira. Em breve, eu sugerirei que o tom de suas palestras participa integralmente do argumento que ele deve apresentar sobre o prazer, já que concebe o prazer estético em sua forma mais elevada como necessariamente entremesclado com a perspectiva ou a experiência de muitos. Mas voltarei a isso daqui a pouco. Por ora, no início de minhas observações, gostaria de trazer à memória certas continuidades que persistiram nas duas exposições do professor Kermode, ou globos terrestres, o último dos quais presumivelmente viu o desaparecimento do objeto literário como antes era definido, como o objeto que sempre dá prazer, ainda que sempre a mudar.

Na verdade, esta última exposição é definida por uma guinada em direção a interesses históricos, sociais e sobretudo políticos. Mas o professor Kermode se restringe a relancear apenas o caráter geral desta conferência, sem citar nomes nem denunciar posições. O efeito é, ao mesmo tempo, conferir mais seriedade ao seu argumento, mas quiçá também subestimar o grau de continuidade existente na história da crítica. A virada para o político é uma maneira que os críticos têm de fazer o que sempre fizeram, que é neutralizar o prazer em nome de agendas socialmente mais aceitáveis – ou, se for o caso, socialmente mais transgressivas. Essa tendência da crítica foi assinalada com muita astúcia por Joseph Schumpeter muito tempo atrás, em 1942, bem antes de nossa recente virada política e do triunfo de sua disciplina – a economia política – que então disputava de maneira cada vez mais bem-sucedida com a crítica literária o domínio da esfera pública. Schumpeter rastreia a origem do intelectual conflitivo ou politizado até o estudioso humanista do século XVI:

Os humanistas eram principalmente filólogos, mas – e isso exemplifica bem um ponto já mencionado – não tardaram a invadir os campos dos costumes, da política, da religião e da filosofia. Isso não se deveu apenas ao conteúdo das obras clássicas que eles interpretavam junto com a gramática: o caminho entre a crítica do texto e a crítica da sociedade é mais curto do que parece.[1]

Thomas More pode ser considerado o grande modelo dos primeiros críticos politizados, e, para ele, o caminho da filologia à crítica social foi realmente curto, e também curto para o bloco do verdugo. Na verdade, Schumpeter estava muito satisfeito em descartar o crítico da sociedade com formação literária, que lhe parecia obsoleto, permanentemente substituído pelo economista, pelo cientista político, pelo sociólogo, mas os críticos literários não se deixaram rejeitar de maneira tão simples. Durante o período que abrange o século de Carlyle a Eliot, Richards e Leavis, e de novo a partir dos anos 1980, uma série de críticos literários encontrou o caminho mais curto para a crítica social, a qual outrora era chamado de *Kulturkritik* e eu chamaria de criticismo cultural autoritário. Com "autoritário" quero dizer que os críticos do século XIX baseavam suas críticas da sociedade na autoridade da cultura e de seu estudo, que naquela época ainda era capaz de competir com sucesso na esfera pública com os especialistas que estudavam os domínios da política ou da economia. Eles compartilham com seus predecessores a mesma tendência problemática a neutralizar o prazer da obra literária em nome do que antes

---

1 Schumpeter, *Capitalism, Socialism, and Democracy*, p.149.

seria considerada uma elevação moral e talvez agora seja considerada uma política progressista. Em todo caso, o encontro com uma obra cultural torna-se uma ocasião para confirmar ou contestar os sistemas de crenças nela expressos.

Essa antiga tendência a criticar certo moralismo ou puritanismo, às vezes de forma paradoxal, mesmo no caso dos críticos que exaltam uma ética do prazer transgressivo, exerce certa pressão sobre o processo de seleção canônica, ao qual talvez não seja possível resistir. Quer dizer, a formação do cânone sempre procedeu com uma justificação de avaliação inteiramente inadequada, que, no fim, em geral invoca aquilo que o professor Kermode, seguindo Gadamer, chama de "preconceitos". Os críticos mais interessantes desde Kant lutaram exatamente contra esse problema e, às vezes, tentaram resolvê-lo isolando a experiência do prazer estético e exaltando-o na obra de arte como um "prazer superior", diferente, tanto na espécie quanto em grau, dos prazeres proporcionados pelas outras experiências humanas. Há um registro de mim mesmo afirmando a especificidade do prazer estético – o que o difere dos outros tipos de prazer –, mas gostaria de defender aqui uma posição que acredito diversa da do professor Kermode, a de não reivindicar um status superior para esse prazer e, portanto, não reivindicar para o domínio da cultura a autoridade superior em que a crítica cultural se baseou e continua a se basear.

O sintoma mais singular e inequívoco da crítica cultural autoritária foi, até recentemente, a redução da literatura à instância da poesia. Essa redução está muito presente nas declarações de Matthew Arnold a favor da poesia, e reaparece nas declarações ainda mais eloquentes de I. A. Richards em prol da concepção da arte poética como a que ordena e organiza todos os afetos humanos. Unicamente a poesia, em suas famosas palavras.

Não deixa de ser uma ironia espetacular o fato de, nas versões mais recentes da crítica cultural, as afirmações desse tipo já não visarem à poesia. Mas, em minha opinião, esses dois fatos estão causalmente conectados. As reivindicações infladas a favor da poesia estão diretamente relacionadas com o declínio da poesia como forma de arte vital no mundo moderno (pelo menos no Ocidente), atualmente uma subcultura muito secundária no vasto domínio da produção cultural.

Uma maneira de entender o recente recuo da crítica da poesia é como uma refundação estratégica das reivindicações autoritárias da crítica cultural no domínio da cultura de massa. Essa estratégia nos deu estudos culturais, problemas com *P* maiúsculo para o cânone literário. Minha ideia é que os estudos culturais estão precisamente na linha direta de Carlyle, Arnold, Eliot e Richards ao alegar que o domínio da cultura é o terreno mais adequado sobre o qual erigir uma crítica da sociedade como um todo. Essa estratégia tem sido um erro, não tanto porque afastou a crítica da literatura, mas porque simplesmente transferiu para outro domínio da cultura as reivindicações historicamente feitas em prol da obra de arte e em prol do crítico.

A inflação das reivindicações favoráveis à arte tem sido submetida, ultimamente, à crítica penetrante e persuasiva de

Jean-Marie Schaeffer em seu livro *Art of the Modern Age* [Arte da era moderna], e, em vez de repetir seu argumento em qualquer extensão, eu simplesmente gostaria de me apropriar de sua principal observação: que o destino da estética e do prazer estético foi feito para repousar inteiramente nas formas certificadas da arte erudita – a poesia, a pintura, a escultura, a música, a arquitetura.[2] Foi em decorrência dessa sobrecarga filosófica da arte erudita que o prazer estético se tornou tão vulnerável à neutralização moralista ou política. O efeito de monumentalização, para o qual o professor Kermode nos chama a atenção ao citar "Notas para uma ficção suprema" de Stevens – em si um exemplo, por mais bonito que seja, dessa sobrecarga filosófica da arte –, pode ser compreendido imediatamente nesse contexto. A obra de arte monumentalizada supera por completo o efeito do prazer e exige do destinatário uma resposta reverente, independentemente de ele ter experimentado o prazer ou não. Um monumento faz uma demanda sem satisfazer uma necessidade.

As obras de arte decerto seriam apreciadas e avaliadas com menos ansiedade se a especificidade do prazer estético em geral fosse dissociada do status da obra de arte erudita. O grande problema das artes eruditas, no século XX, revelou-se reiteradamente como sendo a expansão do domínio estético da cultura, a copresença de miríades de obras da cultura de massa junto com as chamadas obras de arte eruditas. Sem abrir muito

---

2 Schaeffer, *Art of the Modern Age: Philosophy of Art from Kant to Heidegger*.

essa porta, eu gostaria de endossar a conclusão de Schaeffer, segundo a qual é preciso conceber o prazer estético não tanto como um prazer superior, mas como um tipo específico de prazer, um dentre vários outros. À redução da arte ao âmbito da poesia, que foi o sintoma de sua sobrecarga, pode-se contrapor a ênfase na *poiesis*, no fazer humano em geral, à medida que permeia grande parte de nossa vida cotidiana. A restrição do prazer estético à obra de arte certificada foi um erro filosófico significativo, ainda que muitas grandes obras de arte tenham assumido exatamente esse erro.

Em todo caso, creio que é historicamente tarde demais para reivindicar para as obras de arte efeitos de transcendência religiosa — efeitos salvíficos — que poucos se aventurariam a defender abertamente, embora muitos o façam de modo tácito, ou de profundidade filosófica: a obra de arte como uma personificação de verdades que podem ser expressas em termos filosóficos. O domínio etético é, ao contrário, onipresente — ou deveria ser. Nossa fala, nossos modos, nosso comportamento, nosso vestuário, nossas casas, nossos móveis, nossos espaços públicos e entretenimentos privados devem ser todos lindos, devem proporcionar sua medida de prazer estético. O fracasso dessa visão do prazer estético em alcançar algo semelhante ao consenso ficou bastante óbvio, mais recentemente, na resposta irritada de Jonathan Franzen ao abraço de Oprah Winfrey, que, ao que tudo indica, não entendeu que o romance de Franzen pertencia "solidamente", como ele declarou em uma entrevista, "à tradição da arte superior". Ou seja, pretendia proporcionar o tipo de prazer estético que o *distinguia* da imagem de outros tipos de objetos de aparência semelhante – objetos que apenas pareciam romances, poemas ou peças, mas que não eram de modo algum arte de verdade, porque a qualidade de seu prazer não era suficientemente complexa. Apenas certo tipo de qualidade de seu prazer não era complexo o suficiente. Somente certo tipo de prazer, nessa visão, dá a uma obra o direito ao epíteto *estético* e, portanto, supõe-se, autoriza-a a figurar, de forma breve ou permanente, entre as altas artes.

Isso me leva a duas ideias finais que eu gostaria de expressar a respeito do argumento das palestras do professor Kermode – e aqui devo argumentar mais abertamente, embora com o máximo de cautela, com a noção de prazer estético que ele nos recomenda.

Essa noção se sobressai por ser uma mistura de dor e prazer; sendo que o professor Kermode chama aquela, de modo interessantíssimo, de "desalento". Acaso existe deveras um tipo particular de prazer estético, superior ao xerez e à dança, a ser encontrado em certos mundos, que as qualifique como verdadeiras obras de arte, isto é, habilitadas para a canonicidade? Em nossas duas palestras, eu gostaria de abordar muito cruamente essa questão, observando minha própria perplexidade diante da alusão a "Notas para uma ficção suprema" de Stevens. Espera-se que haja uma terceira palestra um dia, correspondendo à seção ausente no poema de Stevens "Tem de ser abstrato". (Essa seria a terceira palestra, porque o professor Kermode altera a ordem das três seções de Stevens, de abstração, mudança e prazer para o inverso.) A abstração, como uma qualidade da ficção suprema, que é uma espécie de termo filosófico para o projeto cultural da poesia, falta nas palestras do professor Kermode, a não ser, talvez, implicitamente como um possível análogo da negação do prazer, que é ao mesmo tempo a agenda ruim de nossos atuais críticos culturais ou politizados, cuja resposta à literatura parece tão árida e acadêmica, mas também *presente* como talvez outro nome para a experiência da perda ou da possibilidade da perda, que é imputada especificamente ao prazer superior da obra de arte canônica. Lembremos que Stevens associa a injunção de ser abstrato à morte dos deuses – "a morte de um deus é a morte de todos" – e à perda não só do Éden, como também do poder explanatório do mito da Queda.

Aqui há dois problemas que podem ser resolvidos mediante o termo ausente, *abstração*.

Em primeiro lugar, há o problema da relação entre o tipo de prazer pertencente em específico à experiência da obra de arte ou do poema, e o prazer também particular ligado ao trabalho que os críticos literários fazem ao pesquisar e escrever sobre literatura. Essas experiências não são exatamente as mesmas, mas uma é presumivelmente a base da outra. No caso da crítica acadêmica, pode ser que o prazer de pesquisar ou argumentar às vezes saia, por assim dizer, do terreno da experiência da obra literária. Quando isso acontece, passa a ser possível esquecer a essência da obra literária como estética e, assim, reduzi-la à mera ocasião de outros tipos de prazer, ou à neutralização cabal do prazer. Eu admitiria que essa é uma tendência geral da crítica acadêmica hoje. A noção de que as obras literárias podem ser entendidas como reveladoras da realidade social ou histórica de maneira transparente é o efeito infeliz dessa tendência, contra a qual o professor Kermode protesta. Trata-se de um problema que só pode ser abordado com uma atenção renovada às propriedades formais das obras literárias como obras estéticas, o que significa levar em conta, de modo tanto experimental quanto teórico, seus objetivos, inclusive o de proporcionar prazer. Aqui, o princípio geral diz que é um erro abordar um objeto de estudo sem reconhecer que tipo de objeto ele é. Os biólogos têm prazer em estudar os germes, mas não é um objetivo dos germes dar prazer, nem os biólogos gostam de ficar com gripe.

No entanto, o remédio proposto pelo professor Kermode para redirecionar nossa atenção para a especificidade da estética abandona temporariamente seu próprio e considerável trabalho sobre a forma literária e oferece um retorno interessante e (para mim) enigmático à noção da pedra de toque, derivada, é claro, do ensaio de 1860 de Arnold, "The Study of Poetry". Claro está que o professor Kermode deseja um modelo para a experiência inicial de prazer na obra literária e, ao mesmo tempo, uma explicação de por que essa experiência pode ser considerada um "prazer superior", ou seja, basicamente uma justificação para o status canônico. Com muita cautela, ele afirma que as mesmas obras nem sempre produzem o mesmo efeito estético, mas pode-se dizer que quaisquer obras que em algum momento forem canônicas produzem esse efeito. Portanto, o cânone acomoda a mudança, enquanto sempre nos proporciona um prazer superior específico.

Com certeza, a conjetura interessantíssima que surge dessas fecundas meditações é que talvez seja possível fazer um relato psicológico, por assim dizer, da experiência da pedra de toque. Ainda assim, eu gostaria de sugerir que essa psicologia está subdesenvolvida na argumentação do professor Kermode, porque a hipótese de um prazer que se mistura com a perda e o desalento é contaminada pela narrativa do declínio da crítica literária, uma narrativa que constitui o pressuposto de enquadramento das palestras. É fácil ver que o que está potencialmente perdido ou gasto nos exemplos de Wordsworth, Eliot e Dante é a própria literatura, a própria poesia. A perda que obscurece a experiência estética é a perda que atualmente ameaça a profissão do estudioso da literatura, a perda de seu objeto. Esse pavor explica o fato de as pedras de toque acabarem tendo um significado surpreendentemente semelhante, seja qual for sua fonte.

Essa homogeneidade é particularmente inquietante no caso da citação por parte do professor Kermode das pedras de toque de Eliot, que fazem uma poderosa analogia entre o prazer sexual e o estético. Essa analogia adquire poder ao imputar à experiência sexual uma complexidade que, de certo modo, também diminui a gama de alegrias que a sexualidade é capaz de nos proporcionar no mundo real. As pedras de toque de Eliot identificam, de maneira implícita, o complexo prazer da obra de arte com a complexidade para ele inerente à experiência da rendição sexual, a noção de que a experiência sexual era ainda mais nobre por ser decaída, má e amaldiçoada. Mas, contra Eliot, eu citaria William Empson, que percebeu a verdadeira natureza da psicologia da pedra de toque eliótica em seu mordaz comentário sobre a repulsa de Eliot pela representação do inocente prazer sexual em *Paraíso perdido*: "Contanto que dessem ao sr. Eliot imagens de gente sendo torturada, seus nervos ficavam em paz, mas se lhe dessem a imagem de duas pessoas fazendo-se mutuamente felizes, ele se punha a gritar".[3] Meu propósito ao citar Empson não é rejeitar por completo a noção da pedra de toque, e sim chamar a atenção para uma curiosa contradição que ela contém. Na verdade, as pedras de toque de Eliot são bastante idiossincráticas, precisamente porque expressam sua relação muito pessoal, individualíssima, com a sexualidade. Suas pedras de toque são pequeninos cânones idiossincráticos, tudo aquilo que os cânones não devem ser. Justo por se empenhar em ser exemplares canônicos, elas tornam a cair no totalmente indiossincrático, até mesmo na expressão de uma patologia individual. Esse pequeno exercício de leitura das pedras de toque, que na realidade apenas se baseia naquilo que o professor Kermode já observou em suas palestras, destina-se a lembrar o quanto é difícil generalizar

---

3 Empson, *Milton's God*, p.30.

qualquer princípio da experiência do prazer estético que fundamente um princípio de avaliação ou canonicidade. Estamos simplesmente muito longe de ser capazes disso.

Minha resposta a essa incerteza seria desistir da tentativa de fazer a conexão entre a qualidade do prazer e o julgamento da canonicidade e, ademais, refugar a ideia de que os prazeres estéticos são, em qualquer sentido defensável, "prazeres superiores". A tendência a argumentar a favor dos prazeres superiores da estética é justamente o que nos põe no caminho da inflação da obra de arte. As infladas reivindicações em prol da grande obra de arte, a obra canônica, em geral vêm às custas da própria dimensão estética, em suas inúmeras formas, não só alta arte, não só poesia. O mesmo erro explica a derrogação dos prazeres humanos supostamente mais simples, em nome do apoio à obra de arte contra qualquer prazer concorrente.

Se os prazeres e as dores da sexualidade são mais variados para alguns de nós, espero que para a maioria, do que a experiência de Eliot desse afeto humano, assim hão de ser os prazeres e dores da estética. Os prazeres complexos podem ser uma mescla de prazer e dor, mas os prazeres complexos só são preferíveis aos simples quando são os prazeres complexos que procuramos. Acredito que a maior arte nos dê prazeres deveras muito complexos, mas não creio que tais prazeres tenham de vir em detrimento de outros tipos de prazer, ou exijam sua derrogação por serem meramente simples. Parece certo pensar que os prazeres estéticos são de tipo superior, porém o máximo que eu me disponho a afirmar é que a existência humana seria tristemente incompleta sem o prazer estético. Esse prazer não é mais nem menos necessário para nossa humanidade do que os prazeres do sexo, da comida, da conversa e muitos outros. Eu argumentaria, então, a favor da diversidade dos prazeres humanos, não por sua hierarquização; e gostaria de acreditar que as maiores obras do espítiro humano podem ser mais bem preservadas pela preservação de um senso vivaz da gama de prazeres humanos, tanto os simples quanto os complexos. É apenas graças a essa generosidade, que está em toda parte na obra de Frank Kermode, que as obras de arte escaparão da anulação de seus prazeres, do efeito da monumentalização que é sempre o risco devido à sua elevação ao status de canonicidade.

O artista e o cânone

Carey Perloff

É um grande prazer participar deste grupo ilustre, ainda que eu esteja aqui como uma forasteira total, não tendo pretensões de perícia acadêmica no assunto cânone. Entretanto, como artista de teatro e como diretora artística de um grande teatro americano, luto diariamente com as questões do cânone ao decidir como programar o trabalho que fazemos, e considero fascinantes essas questões da natureza da canonicidade. Na eloquente palestra de hoje sobre mudança, Kermode afirma que o cânone está sempre em processo de mudança, mas embora dê exemplos persuasivos de trabalhos que desapareceram e depois reingressaram felizmente no cânone, ele não oferece nenhuma explicação real de por que isso é assim. "Não há conservante intrínseco, mas alguém em algum lugar deve ter pensado que aquelas eram coisas boas, e assim começou a história de seu sucesso."

Quem é esse alguém? Kermode afirma que "essa pessoa não precisa ser um estudioso profissional", mas eu creio que ele não percebe de maneira crucial quem essa pessoa tem mais probabilidade de ser. Em minha opinião, os cânones não são formados por "decreto teológico ou autoridade pedagógica ou mero acaso", tampouco, apesar das contribuições significativas de muitos críticos brilhantes nesta sala e em outros lugares, pelos críticos literários, e sim pelos próprios artistas. Em quase todos os casos em que há uma mudança notável no cânone, ou um interesse renovado por escritores, compositores ou artistas visuais supostamente não canônicos, o ímpeto veio de artistas particulares que puseram de novo certas obras em foco através de sua própria reação criativa a essas obras ou por influência delas. Embora a vida inspire o conteúdo da arte até certo grau, acredito firmemente que a forma que a arte assume nasce do rigoroso encontro de um artista com outras obras de arte. É por isso que, uma vez mais *pace* com os críticos aqui presentes, os artistas e escritores em geral são críticos interessantíssimos. Kermode conta persuasivamente que Eliot "elevou Middleton e Tourneur à modernidade, um passo essencial rumo à sua preservação". Claro está, os gostos críticos de Eliot se orientavam por seus próprios imperativos estéticos, razão pela qual eles são tão interessantes e tão incomuns. Por exemplo, em uma época na qual o cânone clássico não dava a mínima para as fascinantes narrativas em prosa do primeiro e do segundo séculos de nossa era, Eliot resgatou uma das maiores, *Satíricon*, introduzindo-a muito sutilmente em *A terra desolada*. Uma das imagens centrais de *A terra desolada* é a da Sibila de Cumas, que fica suspensa em sua gaiola e, quando lhe perguntam o que quer, responde: "Quero morrer". Essa frase de pedra de toque, e a imagética da morte na água que impregna *A terra desolada* e deve forte derivação a *Satíricon*, ajudaram a fazer que Petrônio voltasse a ter importância. Súbito, as qualidades que os filólogos clássicos abominavam em *Satíricon*, como a narrativa fraturada, os pontos de vista cambiantes, a justaposição irônica e o jargão e a gíria a compartilharem espaço com a linguagem elevada, foram celebrados como se tivessem passado a ser vistos pela lente modernista oferecida por poetas como Eliot. Naturalmente, o Petrônio que lemos e adoramos hoje é um escritor muito diferente daquele que os romanos encontraram no século I, porque sua obra nos chegou na forma fraturada tão apreciada pelos poetas modernistas. Mas o próprio Eliot teria sido o primeiro a reconhecer a troca mútua que acontece a uma obra do passado quando se encontra com nossos preconceitos atuais.

Servindo-me de um dos exemplos do próprio professor Kermode, na década passada, compositores barrocos como Händel e Monteverdi (e seus irmãos dramaturgos Marivaux e Musset) reapareceram no cânone. Eu me uniria a Kermode para saudar esse feliz retorno, porém, uma vez mais, argumentaria que não é porque o trabalho de Händel "caiu nas mãos de editores compreensivos" que ele voltou. Pelo contrário. Principalmente Mozart sempre vende, assim como qualquer coisa de Verdi e Puccini. O Barroco raramente vende. Então por que hoje está sendo programado em toda parte? Porque os artistas exigem isso. Na década de 1990, importantes diretores teatrais como Mark Lamos, Peter Sellars e Stephen Wadsworth começaram a encontrar uma enorme força contemporânea na música barroca, e a defendê-la persuasivamente no palco. E como a atenção deles se voltou para essa música? Muitas vezes pelos próprios compositores e cantores. Steve Reich, um dos compositores mais importantes dos Estados Unidos de hoje, tentou encontrar uma linguagem vocal em contradição direta com o que ele percebe como os maneirismos vocais da tradição do *bel canto*. Na vigorosa busca de música vocal ritmicamente vívida, orgulhosamente declarativa e não presa às harmonias mozartianas, ele procurou óperas como *Rinaldo* ou *A coroação de Popeia* e cantores como Cheryl Bensman-Rowe e Lorraine Hunt, para abastecer seus próprios triunfos vocais como *Tehillim*. Os artistas recorrem a outros artistas para defender seus pontos de vista, rebelar-se contra a norma corrente, para encontrar novas formas. E, à medida que eles o fazem, o cânone muda.

É por isso que eu acho que devemos parar de reclamar do fato de alguns autores ou artistas canônicos caírem no esquecimento nessa cultura filisteia que habitamos. O que é crítico é que as pedras de toque de cada artista proavelmente são diferentes. Um corpo de literatura que deixa de servir de pedra de toque do trabalho criativo desaparece por um tempo da tela do radar. Não chega a ser o fim do mundo; se determinada obra tiver músculo para despertar gerações futuras, há de voltar à voga mais tarde. Se a poesia romântica, por exemplo, com suas requintadas meditações sobre o prazer e a dor, parece não ser central para os atuais interesses dos estudantes de graduação ou para o público leitor, talvez seja porque ela não oferece matéria-prima suficiente para os escritores ou artistas que hoje são mais empolgantes na cultura. Na palestra de ontem, tivemos um debate veemente sobre o significado da palavra *prazer*, e sobre a relação de prazer com poder, um tema que eu desejo que retomemos mais extensamente no seminário amanhã. Como não se ofereceram definições formais de exatamente como o termo *prazer* estava sendo usado, eu me aventuraria a oferecer o meu. Estou convencida de que o prazer em relação a uma obra de arte é diretamente proporcional à atividade criativa que desperta no observador ou leitor. Talvez isso se aproxime da definição de grande arte de Victor Shklovsky como aquela que desfamiliariza nosso próprio mundo de tal modo que nós o vemos de novo. Esse prazer de despertamento é muscular, e, quando ocorre na mente de um artista criativo, segue-se nova produção criativa. O prazer sensual do grande artista videográfico Bill Viola nas misteriosas figuras em um retábulo de Mantegna desencadeou uma importante peça de videoarte (hoje exposta na National Gallery em Londres), que revivifica Mantegna ao mesmo tempo que ilumina a própria estética de Viola.

O encontro de Harold Pinter com o trabalho inicial de Becket, em 1954, suscitou uma forma tão extrema do que eu chamaria de "prazer" que lançou uma carreira de escritor em resposta direta a esse encontro. "Quanto mais ele esfrega meu nariz na merda, mais eu lhe fico agradecido", escreveu Pinter em 1954.[1] Esse por certo é um tipo de prazer diferente do proporcionado pela leitura de Wordsworth, mas é um prazer fértil e criativo. "Vou comprar seus produtos: anzol, linha e chumbada, porque ele não deixa pedra sobre pedra e nenhum verme solitário. Ele produz um corpo de beleza." Não foi a crítica literária (e, Deus sabe, nenhuma crítica de drama!) que ajudou a convencer Beckett a entrar no cânone. Foram escritores como Pinter que reconheceram o gênio de Beckett muito antes que o *establishment* crítico o fizesse, e exigiram que ele fosse levado a sério. Neste país, David Mamet fez por Pinter muito mais do que Pinter fez por Beckett. Outro exemplo: de repente, depois de muitos anos, o poeta A. E. Housman está sendo lido e discutido hoje, não só na academia como também, sim, pelos leitores em geral, os quais parecemos acreditar que praticamente desapareceram. Por quê? Porque Tom Stoppard escreveu uma peça sobre ele, *The Invention of Love* [A invenção do amor], que estimulou uma importante reavaliação da obra de Housman e de seu lugar na história da literatura. De repente, Housman tornou a ter músculo; sua obra estimulou outra obra criativa e, portanto, voltou para o cânone.

Passando para outro ponto, também foi Stoppard que, em sua peça *Travesties* [Paródias], reacendeu o interesse pelos autores mais vigorosamente não canônicos, os dadaístas. Nesse aspecto, é decepcionante para mim que, quando discutimos o cânone da literatura inglesa, adotemos a visão míope segundo

---

1 Pinter, *Various Voices*, p.55.

a qual, como as obras são escritas em inglês, têm mais dificuldade para se agrupar do que, digamos, as obras de várias culturas que compartem um ímpeto formal ou espiritual. Nas artes visuais, um agrupamento nacionalista tão literal seria considerado impossível: não se pode falar no pintor futurista italiano Marinetti sem também examinar o pintor futurista russo Malevich; falamos na música de Arvo Paart e na de Steve Reich de um só fôlego, posto que um seja tcheco e o outro americano.

Claro está, a literatura é comprometida com a língua de um modo que a música e as artes visuais não são. No entanto, eu argumentaria que o hábito, nas universidades americanas e britânicas, de agrupar as literaturas unicamente pelas fronteiras nacionais afronta a maior parte da melhor escrita. Atualmente, estou trabalhando em uma nova produção de *Don Carlo* de Schiller para o American Conservatory Theater e, nessa peça, não há uma única cena que não faça uma alusão direta a *Hamlet*. Porém, o mesmo vale para *Enrico IV* de Pirandello, que eu dirigi no A.C.T. na temporada passada. O encontro de Schiller com Shakespeare mudou a cara de sua escrita e entranhou Shakespeare tão profundamente na consciência alemã que muitos alemães ainda acreditam que Shakespeare realmente escrevia em alemão. Os artistas sempre se interessaram por trabalhar além das fronteiras linguísticas: não se pode entender Pinter sem entender seu amor por Kafka, e assim por diante. Na verdade, eu diria que os artistas são muito mais intrépidos que os críticos na busca de literaturas internacionais para adentrá-las no cânone. E certamente isso faz parte da mudança canônica que devíamos abraçar.

Por fim, como o professor Hartman ontem falou em Arcádia não só como um *locus* para o prazer, mas para o "desprazer", a morte, a dor e, como parece haver uma tristeza tão generalizada com o interesse do leitor geral pelas verdades árcades tão diletas dos amantes da literatura, voltei ontem à noite a uma de minhas falas prediletas na peça *Arcádia* de Stoppard, que luta justamente com a questão da canonicidade, da mudança, do que fica no cânone e do que é descartado. A jovem e brilhante matemática Thomasina está desesperada e diz ao seu tutor Septimus: "Oh, Septimus, você consegue suportar? Todas as peças perdidas dos atenienses! Pelo menos duzentas de Ésquilo, Sófocles, Eurípides – milhares de poemas –, a biblioteca do próprio Aristóteles levada ao Egito pelos ancestrais de Cleópatra! Como podemos dormir com tanta tristeza?". E Septimus responde:

> Contando aquilo que temos. Sete peças de Ésquilo, sete de Sófocles, dezenove de Eurípides, minha senhora! Não deverias chorar mais pela perda do resto do que pela perda de uma fivela do teu primeiro sapato ou do que a do teu caderno, que estará perdido quando fores velha. Nós largamos tal como pegamos, como viajantes que tudo precisam carregar nos braços, e o que deixamos cair será recolhido pelos que vierem atrás. A procissão é muito longa; e a vida, muito curta. Nós morremos na marcha. Mas não há nada fora da marcha, de modo que nada se pode perder para o nada. As peças perdidas de Sófocles aparecerão, uma por uma, ou serão reescritas em outra língua.[2]

E assim o cânone continua a se desenvolver.

---

2 Stoppard, *Arcadia*, p.38.

Resposta aos comentaristas
Frank Kermode

Sobre os comentários dos debatedores

Agradeço a paciência dos professores Guillory e Hartman e as apreciações críticas gerais da professora Perloff – as palestras que lhes coube comentar se distanciaram muito do assunto que eles tinham sido levados a esperar –, também agradeço a cortesia de suas respostas. Guillory até deu a suas observações o título que eu devia ter usado se houvesse provisão para uma terceira palestra, embora não tivesse planos de usá-lo exatamente como ele o usou. Fiquei aliviado quando ele aprovou o modo como eu não tratei do tema velho e exaurido que escolhi – como "o exercício usual da retórica revanchista". Suponho que há muito já passou a hora de protestar contra tudo que aconteceu em nosso campo de estudo. Se não tivesse acontecido por ocasião das palestras, é quase certo que acontecesse agora. Minha atual resposta à questão de como ser crítico é uma que há muito tempo tomei emprestada de William Empson: aceite o auxílio teórico que você quiser, mas confie em seu faro, siga seu nariz – há uma analogia enológica – e, em todo caso, se você não o tiver, procure alguma outra forma de emprego. Claro que muita gente faz isso, e não chega a ser uma desgraça.

Se acaso a literatura como tal significar muito pouco para você, na falta de um nariz em que possa confiar, nada do que lhe ocorrer dizer sobre o assunto terá valor para comentá-lo. Pode dizer muitas coisas sobre outros tópicos que alguma obra literária porventura lhe apresentar à mente, mas seu valor diria respeito a outro tema, e pouco teria a ver com o tópico que suas atividades sugerem que você conhece muito pouco e nem se preocupa com ele. Chame esse tópico de "poesia" e pergunte se você tem uma na cabeça – qualquer uma que realmente faça parte de sua mente. Caso não a tenha, contine fazendo outra coisa qualquer.

Parece que causei muita dor ao mencionar as pedras de toque, mas, embora tenha falado um pouco nas pedras de toque de Arnold, tentei deixar claro que não gostava delas nem do motivo dele para tê-las. O que eu tinha em mente e talvez não haja explicado bem eram justamente as obras, ou mesmo os versos, que dão prazer, e parte da questão é eles não serem fixos. É simplesmente contra o bom senso imaginar que minha vontade seja idêntica à de vocês ou à de Arnold, ou à de quaisquer leitores futuros que vivem em um mundo diferente e têm na cabeça um corpo de obras que não pode se parecer muito com o meu, mesmo porque, nesse ínterim, deve ter havido mais bons poemas ou o que for. Sendo inescapavelmente assim, pareceu-me razoável aludir às escolhas de Arnold nessa conexão de prazer e mudança. Mas o choque causado pela mera menção a Arnold parece ter preludiado considerações sobre esse ponto.

Eu ponderei a ideia do sr. Guillory de que os críticos sempre neutralizaram o prazer, desejando intensamente que não fosse verdade, embora me disponha a acreditar que muitos deles, no passado e no presente, desconfiam do prazer ou não o conhecem nesse contexto e se afastam de suas fontes o mais depressa possível. Uma razão simples para tanto é o fato de quase tudo ser mais fácil de fazer e mais fácil de ensinar do que a crítica genuína. Não acho que Schumpeter seja de grande ajuda nesse ponto; não é isso o que os humanistas faziam. Resolver o negócio de *hoti* é perfeitamente adequado e precisa ser feito se você estiver revivendo a língua grega, mas não é, no sentido mais comum da palavra, crítica literária. Schumpeter estava se referindo aos humanistas, definidores de *hoti*. E é claro que ele pode ter razão ao dizer que muitos deles se entregaram à política e à teologia, mas isso tem escassa relevância para o caso em questão, uma vez que eles não eram críticos no sentido em que temos usado a palavra.

Por acaso, há muito tempo escrevi sobre o terrível problema que *hoti* cria na interpretação de Marcos 4,12, na verdade, por não estar lá, tendo sido inesperadamente substituído por *hina*, que inverte o sentido. Os gramáticos precisam decidir se Marcos (cujo grego devia ser capenga, mas essas são palavras muito corriqueiras) empregou *hina* de um modo equivocado ou incomum, ou defendeu a ideia extremamente indesejável de que Jesus contava paráblolas para enganar as pessoas e iludi-las com a salvação. Ora, os humanistas têm uma tarefa filológica crucial, e, à luz de suas decisões, os teólogos têm uma tarefa teológica. Até mesmo os críticos, eu admito, às vezes precisam recorrer ao conhecimento de mais que um único verso para resolver tais argumentos: os olhos de Dorothy Wordsworth eram "ferozes" ou "meigos"? Creio que isso gerará a leitura de um manuscrito e seria trabalho para um estudioso, embora ele possa não ser muito rigoroso para apresentar outras evidência sobre o caráter de Dorothy. Simplesmente, a decisão entre *hoti* e *hina* é estritamente filológica; no entanto, pode-se ver que alguns acharam *hina* repugnante por motivos não filológicos e procuraram fundamentos filológicos para corrigir isso.

Neutralizar o prazer é uma tarefa que se pode levar a cabo de várias maneiras, mas parece estranho considerá-la uma coisa boa. E é errado, como argumentei nas palestras, tratar a transgressão como necessariamente uma inimiga do prazer, ligando-a, na mente de Guillory, ao uso de "uma obra cultural" como "uma ocasião para confirmar ou contestar os sistemas de crenças nela expressos".

O medo do prazer de Guillory se expressa claramente em suas opiniões sobre o cânone. Ele acusa os outros de uma espécie de puritanismo e ataca a ideia de que certas coisas dão mais prazer do que outras, sustentando que é injusto reivindicar privilégio para os "superiores", já que aquilo que normalmente se julga que merece esse rótulo pode ser considerado uma "subcultura muito secundária no vasto domínio da produção cultural". Parece claro, em sua discussão do livro de Jean-Marie Schaeffer, que o próprio Guillory tem repulsa pelas obras de arte que suscitam respostas que lhe parecem reprováveis – uma "resposta reverente", por exemplo. Qualquer coisa que provoque semelhante resposta "faz uma demanda sem satisfazer uma necessidade" – ou seja, não uma necessidade sentida por Guillory. Se eu tiver uma opinião forte sobre qualquer parte de sua argumentação, é sua presunção de que é possível e desejável ajustar a "altura da resposta", desacoplar o prazer estético da "alta" arte e decidir se a resposta de outra pessoa é "historicamente" demasiado tardia. Essa opinião faz dele um inimigo de Jonathan Franzen, mas isso decerto não passa de uma questão de terminologia, o uso ofensivo de "alta". Não posso acreditar que o professor Guillory não tenha experiência na diferença entre ficção séria e lixo. É um fato da vida, por mais difícil que seja filosofá-lo.

Não acrescentarei mais que uma palavra sobre o relato do que está em jogo nos exemplos que dei sobre a parte da perda em prazer (pode ter sido amável de minha parte, além de facílimo, ilustrar o tema em questão com uma seleção de canções *pop*). Dizem que a perda que obscurece a experiência estética é a perda do objeto de estudo literário. Isso é engenhoso, mas irrelevante, como a alegação de que o prazer estético pode ser obtido em igual medida com o sexo, a comida, a conversa. Trata-se de um equívoco (apesar do bônus de certa satisfação democrática limitada) que pertence a um partido ao qual eu não posso pertencer. Não tenho nada contra a conversa, o sexo ou a comida. Mas acho que sei a diferença entre eles e um grande poema. Digo isso não só por convicção (sentida ao longo dos pulsos) de que estou certo, mas porque realmente lamento que pessoas aparentemente muito qualificadas para concordar prefiram dizer – ao que parece, são incapazes do contrário – que têm experiências perfeitamente comparáveis ao assistir a uma telenovela e ao ler Dante.

Essas observações desconexas surgiram de reflexões sobre o ensaio de Guillory. Em seu decurso, apresentaram-se diferenças de opinião em relação a Wallace Stevens, um poeta que muito admiro. Ocorre-me, ao terminar essas observações, que há uma passagem em que Stevens oferece uma ideia talvez tão boa de um prazer na poesia associado a algo como desalento, quase medo. Ocorre na meditação inusitadamente prolongada de seu "Cânone aspirina". Eis uma parte dele:

[...] Para descobrir uma ordem como de
Uma estação, para descobrir o verão e conhecê-lo,
Para descobrir o inverno e conhecê-lo bem, para encontrar,
Não impor, não ter raciocinado absolutamente,
Do nada ter vindo em um ótimo clima,

É possível, possível, possível. Isso deve
Ser possível. Deve sê-lo a tempo
A vontade real de suas combinações brutais vem,

Parecendo, no começo, um bicho vomitado, diferente,
Aquecido por um leite desesperado...

Geoffrey Hartman é um estudioso cuja crítica erudita há muito conquistou o respeito de seus contemporâneos, e seu trabalho em outras áreas muito contribuiu para aumentar esse respeito. E eu lhe sou grato por saber que ele sempre deu ao meu trabalho o devido respeito, mas não acho possível aumentá-lo combinando-o com os fracassos ou mesmo com os sucessos de F. R. Leavis. Meus fracassos estão longe de ser do mesmo tipo, assim como meus sucessos, se é que os tenho, coisa que Leavis teria o maior prazer em negar. Nem, quando usei uma expressão de Valéry, tive em mente (não mais do que Valéry) recomendar uma analogia patrística entre a poesia e o maná. Volto a me unir a Hartman só quando ele cita aquele comentário de Empson. E Empson, que tinha um prazer profundo na poesia, não desprezaria a ideia de que, ao fazê-lo, ganhava uma promessa de felicidade. (Aliás, ele também conhecia o desalento.) Como o sr. Guillory, como o lendário professor de Oxford que citei, Hartman se sente muito incômodo com o prazer. Teme por sua saúde, detectando em seu semblante um indício de "palidez onomatopeica", sintoma que considero demasiado obscuro para interpretá-lo, embora finalmente se esclareça que a doença do prazer decorre de sua sexualização e da consequente associação com a transgressividade.

O que ele diz acerca dessa limitação é decerto interessante, e a introdução do sublime na discussão foi oportuna. Mas, para ele, está claro que o prazer, no final, é algo que não se deve esperar do discurso professoral, mesmo quando esse discurso é "nossa própria disciplina de leitura atenta, cuidadosa, mas imaginativa". Não sei ao certo quem é o "nós" por trás desse "nossa", só que parece razoável pedir que eles sejam capazes de "sentir seu deleite", já que certamente deve haver alguns na leitura imaginativa. A menos que eu não tenha entendido absolutamente o sentido do "nossa", é claro que Hartman deve fazer parte do grupo, mas sua ideia aqui parece ser a de que escrever mal é uma qualificação para ser membro, que é de alguma forma errado deplorar uma escrita ruim, que merece ser defendida como uma consequência necessária da especialização. Quem, entre os críticos do século XX, escreve melhor do que Northrop Frye? No entanto, Frye é, em todos os aspectos, um especialista. Força e eufonia, ao que parece, podem coexistir com refinamento retórico, como provam, pode-se dizer, Frye e Trilling (aqui citados de forma impressionante, embora, como Frye, não muito admirado hoje em dia).

De fato, Hartman chega muito perto de dizer que o trabalho sério nas artes, inclusive nas artes literárias, tem de ser enfadonho. Claro que grande parte dele o é; esse é um terreno comum. E ele diz corretamente que sempre foi assim, mas eu não penso exatamente da mesma maneira, a maneira pela qual a prosa crítica parece se constituir de restos colhidos nas oficinas de professores corretos, determinados, mas, como me parece, inadequados. Eu esperaria que ele concordasse que, como as metalinguagens passaram a parecer mais importantes ou interessantes do que a linguagem, existem muito mais professores desse tipo do que antes.

Quanto a "Resolução e independência", o que Hartman diz aqui acerca dele exibe sua há muito tempo estabelecida autoridade de wordsworthiano. Todavia, não posso concordar que é preciso rejeitar "prazer/desprazer" e instaurar "despoder/

poder" como "o assunto problemático". Dizer que a impotência do velho é a fonte do poder do poeta é um modo de justificar essa substituição. Contudo, como asseveram os versos iniciais do poema, o poder se expressa como prazer (uma identificação wordsworthiana nada exclusiva desse caso particular). No fim, nossas visões desse grande poema provavelmente não são tão divergentes quanto Hartman afirma. Mas se incluirmos leitores imaginativos na equação, pode parecer menos plausível afirmar que eles compartilham principalmente um processo de "empoderamento", não que experimentam (de maneira adequada ao seu status mais humilde) um movimento de mente e emoção, "um tipo de inspiração peculiar e perigosa" que tem as complexidades de "prazer/desprazer" oferecidas pelo que chamamos de grande poesia. Aqui, parece perverso desconsiderar o prazer para exaltar o poder, embora se possa dizer que o poder tem um lugar na discussão como um termo analógico inadequado para as exaltações do prazer.

No entanto, é prazeroso e não sem importância que um par de leitores imaginativos (eu afirmo por nós dois) tenham mantido ao longo da vida a certeza de que "Resolução e independência" é maravilhoso, sem concordar inteiramente sobre por que o é. Outros oferecerão leituras diferentes, não menos imaginativas. Isso deve, nesse sentido, mudar. Mas por que não deveria também dar prazer?

Referências bibliográficas

ANDERSON, W. D. *Matthew Arnold and the Classical Tradition*. Ann Arbor: University of Michigan Press, 1965.

ARNOLD, M. *Selected Essays*. Oxford: Oxford University Press, 1964.

AUDEN, W. H., *Lectures on Shakespeare*. Org. de A. Kirsch. Princeton, N.J.: Princeton University Press, 2000.

BARTHES, R. *Image-Music-Text*. Trad. Stephen Heath. Nova York: Hill and Wang, 1977.

_____. *Le Plaisir du texte*. Paris: Editions du Seuil, 1973.

BENJAMIN, W. *Reflections*: Essays, Aphorisms, Autobiographical Writings. Org. de Peter Demetz. Nova York: Harcourt Brace, 1978.

BORMWICH, D. *Disowned by Memory*. Chicago: University of Chicago Press, 1998.

BROOKS, P. *Reading for the Plot*: Design and Invention in Narrative. Cambridge, Mass.: Harvard University Press, 1992.

BRUNS, G. *Hermeneutics Ancient and Modern*. New Haven, Conn.: Yale University Press, 1992.

CHILDS, B. S. *Introduction to the Old Testament as Scripture*. Filadélfia: Fortress, 1979.

ELIOT, T. S. *Collected Poems, 1919-1962*. Nova York: Harcourt Brace and World, 1963.

_____. *Selected Essays*. Londres: Faber, 1934.

_____. *The Revenger's Tragedy*. Org. de R. A. Foakes. Londres: Methuen, 1966.

ELIOT, T. S. *The Varieties of Metaphysical Poetry*. Org. de R. Schuchard. Londres: Faber and Faber, 1993.

EMPSON, W. *Milton's God*. Cambridge: Cambridge University Press, 1961.

FREUD, S. *An Outline of Psychoanalysis*. Londres: Hogarth Press, 1949.

GADAMER, H. *Truth and Method*. Londres: Sheed and Ward, 1975.

GILL, S. *William Wordsworth:* A Life. Nova York: Oxford University Press, 1989.

GOSSMAN, L. *Between Literature and History*. Cambridge, Mass.: Harvard University Press, 1990.

JOHNSTON, K. R. *The Hidden Wordsworth*. Nova York: W. W. Norton & Company, 1998.

KERMODE, F. *An Appetite for Poetry*. Cambridge, Mass.: Harvard University Press, 1989.

_____ (org.). *The Sense of an Ending*: Studies in the Theory of Fiction. Nova York: Oxford University Press, 1967.

_____. *The Classic*: Literary Images of Permanence and Change. Cambridge, Mass.: Harvard University Press, 1983.

_____. *The Genesis of Secrecy*: On Interpretation of Narrative. Cambridge, Mass.: Harvard University Press, 1979.

LEAVIS, F. R. Ludittes? Or Ther Is Only One Culture. In: _____. *Lectures in America*. Nova York: Pantheon, 1969.

MCCONNELL, F. (org.). *The Bible and the Narrative Tradition*. Nova York: Oxford University Press, 1980.

PINTER, H. *Various Voices*. Nova York: Grove Press, 1998.

RICHARDS, I. A. *Poetries and Sciences*. Nova York: Norton, 1970.

_____. *Practical Criticism*: A Study of Literary Judgement. Londres: Trubner, 1929.

SCHAEFFER, J.-M. *Art of the Modern Age*: Philosophy of Art from Kant to Heidegger. Trad. Steven Randall. Princeton, N.J.: Princeton University Press, 2000.

SCHUMPETER, J. A. *Capitalism, Socialism, and Democracy*. Nova York: Harper and Row, 1942.

SPENCER, E. Remembering Eliot. In: TATE, A. (org.). *T. S. Eliot*: The Man and His Work. Nova York: Delacorte, 1966.

STOPPARD, T. *Arcadia*. Londres: Faber and Faber, 1993.

SYMONS, A. *The Romantic Movement in English Poetry*. Nova York: Dutton, 1909.

TANNER, T. *Venice Desired*. Oxford: Blackwell, 1992.

TAYLOR, A. E. *Plato*: The Man and His Work. Londres: Methuen, 1960.

TRILLING, L. (org.). *Beyond Culture:* Essays on Literature and Learning. Nova York: Viking, 1965.

WORDSWORTH, W. *Lyrical Ballads* (1802). In: HAYDEN, J. O. (org.). *Selected Poems*. Londres: Penguin, 1994.

WORTHEN, J. *The Gang:* Coleridge, the Hutchinsons & the Wordsworths in 1802. New Haven, Conn.: Yale University Press, 2001.

Índice remissivo

abismo, o 18, 20, 86, 90-1
abstração 106
acaso 11-2, 31-2, 53-4, 83, 85, 114-5
"Actium Ode" (Horácio) 72-3*n*
Addison, Joseph 55-6
alegria 39-41, 42, 46, 47-8, 63-4, 90-1, 94-5, 108-9
Além do princípio do prazer, Freud 92-3
Alighieri, Dante 52, 61-3, 64-6, 71-3, 108, 127-8
"altas" artes, arte erudita 103-5, 110, 126-7
American Conservatory Theater (São Francisco, Califórnia) 10, 119
antielitista 80
antiga dispensação literária 13-5, 15-6, 28-9
anti-heróis 92
Antônio e Cleópatra (Shakespeare) 52, 70
"apetite pela poesia" 81-2
Arcádia (peça) 120

Arcádia 90-1, 120
Aristóteles 27, 120
Arnold, Matthew 14, 16, 61-4, 71-2, 80-1, 85-6, 101-2, 107-8, 124
Art of the Modern Age (Schaeffer) 102-3
arte 50, 51-2
　Guillory sobre 102-11
　Hartman sobre 79, 85, 87-9, 93-4
　Perloff sobre 114-5, 116-7
arte e sociedade 34
arte moderna 93
arte videográfica 116-7
artefato 16-8, 32-3
artes performáticas 88-9, 113-20
artífice 34, 48-9
artistas 23, 113-9
Atheist Tragedy, The (Tourneur) 69
atividade criativa 117
Auden, W. H. 73-4
Austen, Jane 20
autobiografia 45

autoridade pedagógica 53-4, 114-5
autoridade superior 15-6, 23-4, 100-1
avesso da vida, O (Roth) 17-8

Bach, Johann Sebastian 52
Barroco 56-7, 115-6
Barthes, Roland 18-9, 36-9, 87
Baudelaire, Charles 32, 66, 68, 71
Beckett, Samuel 118
bel canto, tradição do 116
benevolência 93-4
Benjamin, Walter 91
Bensman-Rowe, Cheryl 116
biografia 42-4
Blackmur, R. P. 30, 87
Blake, William 46-9, 79-80
Blanchot, Maurice 95
Blindness and Insight (De Man) 84-5
Bloom, Harold 22
Borges, Jorge Luis 88
Botticelli 52, 54
Bromwich, David 47-8
Brooks, Cleanth 14
Brooks, Peter 35
Bruns, Gerald 58, 59n
Burke, Edmund 87
Burke, Kenneth 35, 48-9
Burns, Robert 42-3

Cabala 82
calvinismo 41-2

Cambridge 9, 84
"Cânone aspirina" (Stevens) 128
cânone bíblico 13, 20-2, 33, 53-4, 59-60n
cânone ocidental, O (Bloom) 22
Cântico dos cânticos, Livro do 53
capital cultural 79
Caravaggio 52
Cardin, Pierre 30-1
carisma 30
Carlyle, Thomas 100-1, 102
"caroços" 86, 89
Carroll, Lewis 42-3
"Carta a Sara Hutchinson" (Collerid-
    ge) 42-3
cegueira 40, 93-4
Changeling, The (Middleton) 69-70
Chateaubriand 29, 90
Chatterton, Thomas 39, 42-3
chauceriano 85
Childs, Brevard 59, 59-60n
ciência 81, 84n
Clark, Palestras de 72
clichês 83, 90
Coleridge, Samuel Taylor 38, 42-4,
    45, 73-4
coletor de sanguessugas 39-47, 93-4
comédia 20-1
compositores 54-7, 115-6
comunidade de leitores 32-3, 57-64,
    116-7
confusão 29-30

consenso 60, 104-5
continuidades 74-5, 82, 90, 98-9
conversa 15, 27, 40-1, 42-3, 52, 54, 73-4, 110-1, 127-8
coroação de Popeia, A 116
Cowper, William 42, 88
crítica literária 28-33, 38-9, 44, 60, 125, 128-9
    Alter sobre 13-5
    Guillory sobre 97-102, 106-8
    Hartman sobre 88-9
    Perloff sobre 114-6
criticismo cultural 100-2, 105-6, 125-6
criticismo cultural autoritário 100-1
criticismo descritivo 36-7
criticismo prático 83-4
cultura de massa 102-4

dadaístas 118
dança 19, 38, 105
De Man, Paul 84-5
deleite 23-4, 36-7, 74, 88-9, 90-1, 129-30
democracia dos prazeres 15-6, 126-8
Derrida, Jacques 30-1
desalento, desânimo 36-8, 46-7, 48-9, 60, 66-71, 74-5, 128-9
    Alter sobre 18-9, 20-2, 23-4
    Guillory sobre 105-6, 108
    Hartman sobre 90-1
desconstrucionismo 30-1, 84-5

descontinuidade 90
desfamiliarização 34, 37-8, 82, 116-7
desprazer 35-6, 92-5, 120, 130-1
"destino do prazer, O" (Trilling) 91
dicção 40-1, 81-2, 93-4
Dilthey, William 31
disco compacto (CD) 54-5
Disowned by Memory (Bromwich) 47-8
dispensação metacrítica (mais recente) 28-9
dispensação metacrítica 28-9
diversidade dos prazeres 111
divina comédia, A (Dante) 14
Don Carlo (Schiller) 119
dor 34-7, 63-4, 66, 73, 124
    Guillory sobre 105-6, 110-1
    Hartman sobre 79-80
    Perloff sobre 116-7, 120
Dostoiévski, Fiódor 92
dramaturgos jacobitas 67-9

Eclesiastes 53-4
Éden 106
Édipo 70
ego 35, 58
Eliot, T. S. 15, 64-75, 84-5, 90, 100-1, 102, 108-11, 114-5
Empson, William 30, 83-5, 109, 123, 129
enredo 35-6, 39-40, 55-6, 93-4
Enrico IV (Pirandello) 119

"Ensaios morais" (Pope) 20
eros 35, 87
espiritualidade 45, 92-4
Ester, Livro de 21
esteticismo 27-8, 32-4, 83, 88
estrutura das palavras complexas, A (Empson) 30-1
estudiosos humanistas 99-100, 125-6
estudos literários 22-3, 79, 83-5, 89, 108, 127-8
"Excelente balada da caridade" (Chatterton) 39

"Feira comanda a Canção, A" (Cowper) 88
felicidade 18-9, 20-2, 40, 47-9, 61-2, 128-9
filologia 57-8, 100-1, 114-5, 125-6
filósofos morais 95
fim, sensação de um 83, 91
Foakes, R. A. 67
Ford, John 69
formalismo 32-4, 83, 87-8
Fors Clavigera (Ruskin) 80
Franzen, Jonathan 104-5, 126-7
Freud, Sigmund 31, 35-6, 87, 92-3
fronteiras nacionais 119
Frye, Northrop 30, 130

Gadamer, Hans-Georg 33, 58-9, 101
Gill, Stephen 42-3

globos terrestres 29, 99
graça 41-6, 47-8, 73-4
Guillory, John 9-10, 11-5, 15-6, 18, 97-111, 123, 125, 126-9

Hamlet (Shakespeare) 48-9, 119
Händel, George Frideric 55-6, 115-6
Hartman, Geiffrey 10, 11-4, 18-9, 22-3, 79-95, 120, 123, 128-31
Heath, Stephen 37
Hemingway, Ernest 71-2
hermenêutica religiosa 53-4, 57-8, 82, 125-6
hierarquia dos prazeres 16, 110-1
Hill, Aaron 55
hina 125-6
história da crítica 28-9, 99-101
história da recepção 52, 56-7, 98-9
Homero 63-4
Hopkins, Gerard Manley 10, 75, 88-9
Horácio 72-3*n*
hoti 125-6
Housman, A. E. 118
Hunt, Lorraine 116
Hutchinson, Mary 43
Hutchinson, Sara 41, 42-3, 47

Ilíada (Homero) 14, 61-4
imaginação 18-9, 23-4, 44, 73, 79-80, 93-4, 129-31
impiedade teológica 62-3, 66

impressionismo 85
Inferno (Dante) 52, 62-3, 65, 71-2
Invention of Love, The (Stoppard) 118
irmãos Karamázov, Os (Dostoiévski) 19
ironia 19-22, 82, 102, 114-5
Israel no Egito 56

Jakobson, Roman 32
James, William 31
jargão 89-90, 114-5
Jauss, Hans Robert 33
Jesus 125
Jó, Livro de 19
jocosidade 21-2
Johnston, Kenneth R. 42-3
jouissance 18, 36-9, 45-6, 68, 74-5, 86-9
Joyce, James 21

Kafka, Franz 119
Kant, Immanuel 87-8, 101
Keats, John 92
Kermode, Frank
    Alter sobre 11-24
    Guillory sobre 97-111
    Hartman sobre 79-95, 94*n*
    Perloff sobre 113-5
Kulturkritik 100

Lamos, Mark 116
Latini, Brunetto 72

Leavis, F. R. 14, 27-8, 30, 80-2, 84-5, 84*n*, 100, 129
leitor responsável 32-3, 49, 85-6, 86*n*
leitura atenta 83-4, 88-9, 129-30
Levinas, Emmanuel 95
Lévi-Strauss, Claude 32
língua grega 82, 125-6
língua original 59
linguística 29, 119
literatura do cotidiano 19-20
literatura poética 114-5
lixo 51-2, 56-7, 73-4, 126-7

Malevich, Kasimir 119
Mamet, David 118
Mantegna, Andrea 117
Manuscritos do Mar Morto 53-4
Marcos, Livro de 125-6
Marinetti, F. T. 119
Marivaux 115
Marlowe, Christopher 69
Marvell, Andrew 80
Massinger, Philip 68, 69-70
Mémoires d'Outretombe (Chateaubriand) 29
memórias, cânone de 74-5
Meredith, George 24
Messias, O 56
metalinguagem da crítica 84-8, 130
Middleton, Thomas 69-72, 114
Milton, John 27-8, 63, 69-70, 71-2

Moby Dick (Melville) 19
moda 30-1
modernidade 34, 71-2, 74-5, 91-2, 114-5
modernismo 60, 79, 82, 114-5
Molière 21
Monteverdi 52, 115
monumentalização da arte 102-3, 110-1
Moore, G. E. 31
More, Thomas 100-1
Mozart 56-7, 115-6
mudança 33-4, 51-75, 124, 131
    Alter sobre 11-2, 13-5, 23-4
    Guillory sobre 98, 105-6, 107-8
    Hartman sobre 83, 84-5, 94-5
    Perloff sobre 113
Mukařovský, Jan 16-7, 17-8, 32-4, 83
músculo 116-8
música 49, 54-7, 88-9, 103, 115-9
música popular 88-9
Musset 115-6

narrativa 19-22, 39-41, 108, 114-5
National Gallery (Londres) 117
necessidade racional 71-4
Neocrítica 84
New York Times 88
Nietzsche, Friedrich 31
niilismo 91, 93-4
niilismo eudemônico 91
niilismo redentor 91

niilismo superliberal 91
normas 16-8, 32-3, 61-2, 115-6
Norris, Christopher 30
"Notas para uma crítica suprema" (Kermode) 85
"Notas para uma ficção suprema" (Stevens) 103, 105-6
novidade 18, 29-30, 33, 54-5, 58-9, 82
novíssimo crítico 29-30

"Ode da imortalidade" (Wordsworth) 46
Odisseia 63-4
Ogden, C. K. 31-2

Paart, Arvo 119
Palestras de Tanner 11, 97
Palestras sobre Eliot 82
palidez onomatopeica 86-7, 128-9
Panofsky, Erwin 90-1
Paraíso perdido (Milton) 61-2, 108-10
Peacock, Thomas Love 33
pecado ousado 66
pedras de toque 13-5, 61-6, 80, 107-10, 114-7, 124
perda 36-8, 46-7, 47-8, 67-8, 73, 127-8
    Alter sobre 18-20
    Guillory sobre 98-9, 105-6, 108
    Hartman sobre 94-5
Perloff, Carey 10, 17, 23, 113-20, 123
Petrônio 115

Pinter, Harold 117-8, 119
pintores futuristas 118-9
Pirandello 119
plaire 88
plaisir 37, 74
Platão 34-6
pobreza 39-41, 45-7, 93-4
poder 11-2, 16-9, 29, 34, 37-8, 40-1, 44, 45-6, 49-50, 57-8, 61-3, 69-71, 74-5, 94-5, 105-6, 108-9, 116-7, 130-1
poesia 37-50, 61-2, 64-75, 124, 128-31
    Alter sobre 19-20, 23-4
    Guillory sobre 101-110
    Hartman sobre 85-6, 93-5
poesia de amor 36
poesia romântica 13-5, 38-9, 116-7
Poetry and Science (Richards) 84*n*
política moral 81-2, 93-4, 100-3
politização dos estudos literários 11-2, 27-8, 91, 94-5, 99-100, 101-2, 105-6, 125
ponto de vista histórico 56-9
Pope, Alexander 20, 55
prazer 27-50, 60, 63-4, 64-9, 74-5, 124-31
    Alter sobre 11-2, 15-24
    Guillory sobre 97-111
    Hartman sobre 82, 85-93
    Perloff sobre 116-7, 120
prazer de despertamento 116-7

prazer do texto, O (Barthes) 36, 87
prazer estético 32, 98-9, 101-6, 109-11, 127-8
prazer filosófico 18-20, 31, 37-8, 102-3
prazer moral 19-20
prazer sexual e desalento 66-9, 86-7, 108-10, 128-30
prazer simples 15-6, 19-20, 110-1
prazer superior 15-6, 19-20, 37-8, 101, 103-5, 106-11
prazeres complexos 15-6, 19-20, 22, 45-6, 110-1
preconceitos 57-60, 90, 101, 114-5
Prelúdio (Wordsworth) 48, 94-5
preocupação moral 84*n*
professor de Oxford, lendário 34-5, 129
Proust, Marcel 16, 20, 49, 75
psicologia da *gestalt* 31
"Psychology and Form" (Burke) 35
Puccini, Giacomo 115
puritanismo 101, 126-7

qualidade prosaica 74-5, 130
qualidade *unheimlich* 45
"Queda" 106

Rabelais 21
rapto de Lucrécia, O (Shakespeare) 39
"realidade estética" 88
Rei Lear (Shakespeare) 19
Reich, Steve 116, 118-9

religião secular 15-6, 41-2, 59-60n
Reminiscências (Robinson) 46
Renascimento 82
rendição 66-7, 71-2, 74-5, 108-10
"Resolução e independência" (Wordsworth) 19, 39-41, 48-9, 93-5, 130-1
resposta individual 34
retórica da crítica 84-5
retórica revanchista 98-9, 123
Revenger's Tragedy, A (Tourneur) 67
Revolução Francesa 94-5
revolução protestante 80
Richards, I. A. 31, 83-5, 100-2
Richardson, Samuel 55
Rinaldo 55-6, 116
Robinson, Crabb 46-7
Roma 82
Roth, Philip 17
Rugby 64
Ruined Cottage, The (Wordsworth) 48
Ruskin, John 49, 80-1

Satíricon 114-5
Saussure, Ferdinand de 31
Schaeffer, Jean-Marie 102-4, 126-7
Schiller, Friedrich 119
Schleiermacher, Friedrich 53-4, 57-8
Schumpeter, Joseph 99-101, 125
Sellars, Peter 116
semiótica 87-8

Shaftesbury 88
Shakespeare, William 9-10, 14, 27, 32, 61-2, 64-5, 69-73, 119
Shelley, Percy Bysshe 27-8
Sherrington, C. S. 31
Shklovsky, Victor 117
Sófocles 54, 70, 120
Spenser, Edmund 36, 88, 92
Stendhal 20
Stern, Laurence 21
Stevens, Wallace 9, 51-2, 86, 86n, 89, 103, 105-6, 128
Stoppard, Tom 10, 118-9, 120
Stout, George Frederick 31
"Study of Poetry, The" (Arnold) 61, 107-8
subjetivismo 84-5
sublime, o 18-21, 87-8, 129-30
Symonds, J. A. 67
Symons, Arthur 47

Tanner, Tony 49, 97
teatro de Sabbath, O (Roth) 17
tecnologia 81, 84n
Tehillim 116
"Tem de ser abstrato" (Stevens) 105-6
Tennyson, Alfred 71-2
teoria 9, 12-3, 34-6, 83, 85-6
termos técnicos 84-9
terra desolada, A (Eliot) 65, 67, 114-5
Thomson, James 24

Todorov, Tzvetan 32
Tom Jones (Fielding) 21
Tourneur, Cyril 69-70, 71-2, 114-5
Traherne 54
trajetória ou sistema de crença 29-30, 83, 100-1, 126
transgressão 16-8, 47-8, 83, 87, 99, 101, 126, 128-9
Travesties 118-9
Trilling, Diana 65
Trilling, Lionel 91-3, 130
tristeza 40, 45, 63-4, 83, 93-4, 120
Tristram Shandy (Stern) 21
Troilo e Créssida (Chaucer) 39

Ulysses (Joyce) 21
Universidade em Ruínas 81

Valéry, Paul 10, 129
valores 24, 32-3, 83, 92
valores burgueses 83, 92
"velho mendigo de Cumberland, O" (Wordsworth) 48

Verdi, Giuseppe 56-7, 115-6
Vermeer 75
vernaculares 80
Viola, Bill 117
virtudes autotélicas 34
Vista de Delft 75

Wadsworth, Stephen 116
Wagner, Richard 56-7
Ward, James 31
Webster, John 71-2
Winfrey, Oprah 104-5
Wittgenstein, Ludwig 31
Wohlgefallen 88
Wordsworth, Dorothy 47, 126
Wordsworth, William 10, 15-6, 18-9, 37-49, 87, 89-90, 93-5, 108, 117-8, 130-1
Worthen, John 43

xerez 15, 19, 38, 105

Yeats, W. B. 38, 71-2

SOBRE O LIVRO

Formato: 13,7 x 21 cm
Mancha: 24,6 x 38,4 paicas
Tipologia: Adobe Jenson Regular 13/17
Papel: Off-white 80 g/m² (miolo)
Cartão supremo 250 g/m² (capa)

1ª edição Editora Unesp: 2021

EQUIPE DE REALIZAÇÃO

Edição de texto
Silvia Massimini Felix (Copidesque)
Jennifer Rangel de França (Revisão)

Capa
Marcelo Girard

Imagem de capa
Paul Cézanne, *O jogo de cartas* (1894-1895).
Musée d'Orsay, Paris.

Editoração eletrônica
Sergio Gzeschnik

Assistência editorial
Alberto Bononi
Gabriel Joppert